LA DOUBLE CULTURE
DE JEAN-JOSEPH RABEARIVELO

Espaces Littéraires
Collection fondée par Maguy Albet

Dernières parutions

Jean-François CHÉNIER, *Communiquer l'incommunicable. Une lecture des œuvres de Georges Bataille et de Pierre Klossowski*, 2017.
Bernard POCHE, *La littérature à Lyon dans l'entre-deux-guerres. L'érosion d'une culture*, 2016.
Isabelle BERNARD, *Patrick Deville, « Une petite sphère de vertige »*, 2016 ?
Ramona ONNIS, *Sergio Atzeni, Écrivain postcolonial*, 2016.
Marcel BOURDETTE-DONON, *Raymond Queneau, le Peintre de la vie moderne*, 2016.
Michèle DUCLOS, *Un regard anglais sur le symbolisme français, Arthur Symons,* Le mouvement symboliste en littérature *(1899), généalogie, traduction, influence*, 2016.
Anne-Marie REBOUL et Esther SÁNCHEZ-PARDO (éd.), *L'écriture désirante : Marguerite Duras*, 2016.
Gladys M. FRANCIS, *Amour, sexe, genre et trauma dans la caraïbe francophone*, 2016.
Fabienne GASPARI, *L'écriture du visage dans les littératures francophones et anglophones, De l'âge classique au XXIe siècle*, 2016.
Yulia KOVATCHEVA, *Modernité esthétique chez André Malraux*, 2015.
Hanétha VETE-CONGOLO (dir.), *Léon-Gontran Damas : Une Négritude entière*, 2015.
Naïma RACHDI, *L'art de la nouvelle entre Occident et Orient, Guy de Maupassant et L'Égyptien Mahmûd Taymûr, Influence de la littérature française sur la littérature arabe moderne*, 2015.
Augustin COLY, *Duplications et variations dans le roman francophone contemporain*, 2015.
Marie-Denis SHELTON, *Eloge du séisme*, 2015.
Marie-Antoinette BISSAY et Anis NOUAIRI, *Lorand Gaspar et la matière-monde*, 2015.

Gavin Bowd

La double culture
de Jean-Joseph Rabearivelo

Entre Latins et Scythes

© L'Harmattan, 2017
5-7, rue de l'École-Polytechnique, 75005 Paris
http://www.editions-harmattan.fr
ISBN : 978-2-343-10881-0
EAN : 9782343108810

Sommaire

Introduction 9

Origines 13

Poésie de rupture et de mélancolie 21

Face au fait colonial 29

Rabearivelo et Maurras 49

Le Poète et le Gouverneur général 75

Mort d'un Mistral malgache 109

Madagascar en guerre 141

Le drame de 1947 155

Rabearivelo anti-colonial 179

Rabearivelo post-colonial 187

Conclusion 205

Sources 209

Introduction

Dans *Les Calepins bleus*, son journal intime, Jean-Joseph Rabearivelo caresse l'idée de créer une version malgache d'*Ulysse*, le classique moderniste de l'Irlandais James Joyce, qui vient de détoner dans le monde littéraire. En mars 1934, l'auteur de *Traduit de la Nuit* raconte une dispute avec un colon français, qu'il accuse d'ignorer sa propre langue. Rabearivelo contraste cet ignare à de grands écrivains qui ont su s'approprier et renouveler leurs langues adoptives : Joyce l'Irlandais sous le joug anglais, mais aussi, en français, l'Américain Eugène Jolas, Apollinaire, de mère polonaise et de père italien, l'Australien Louis de Gonzague Frick « et tant d'autres Icares partis à la conquête du ciel linguistique ! » (OC1, p. 420)[1].

Vers la fin de sa vie trop courte, ce passeur de langues et de cultures entre malgache et français (et espagnol) voit Joyce comme un modèle à suivre. Début 1936, après avoir relu *Ulysse*, *Dedalus* et *Gens de Dublin*, Rabearivelo décide qu'il est grand temps de réaliser « un grand, un énorme, un immense projet... Le seul projet qui sera, je pense, réalisé avant dix ans ». Il s'agit de refaire *Ulysse* « dans le sens strictement malgache » :

> D'abord, le titre :
> *Kaléidoscope de 1/365*
> Le sujet : tout ce qu'il peut se passer d'incohérences, en vingt-quatre heures, dans la vie d'un homme. D'incohérences aussi bien dans la Réalité que dans le Rêve.

---

[1] Pour faire référence aux *Œuvres Complètes* de Jean-Joseph Rabearivelo, nous utiliserons les abréviations suivantes : OC1 : *Œuvres complètes*, tome 1, Paris, CNRS Editions/Présence Africaine Editions, 2010; OC2 : *Œuvres complètes*, tome 2, Paris, CNRS Editions/Présence Africaine Editions, 2012.

> La nouvelle « Odyssée » ou « Iliade » partirait de 2h du matin et finirait le lendemain à la même heure. Du lit, donc, au lit. Un autre « Traduit de la Nuit », d'autres « Dons de l'aube ».
>
> Le héros principal – le seul, avec une infinité de comparses – serait le Moi et le Soi ; un Latin égaré en Scythie, ou, inversement, un Scythe latinisé… Une dizaine d'années pour monter ce monument baroque à l'image d'une journée de ma vie. (OC1, pp. 1013-1014)

Le lendemain, le poète fait acheter les soixante cahiers qu'il faut pour l'œuvre joycienne « qui ne cesse de mûrir en moi – mais à la façon d'un gros abcès qui prend mal : en me faisant atrocement souffrir ! ». Mais il les laissera « encore assez longtemps à leur blancheur » et attendra un autre moment « avant de les faire relier par dix puis de me mettre au travail » (OC1, p. 1018). Le 2 mai 1936, il note dans un journal : « Mon Iliade sera plus grande que l'Odyssée joycienne. De six heures exactement » (OC1, p. 1032).

De ce monument malgache au modernisme, cet « abcès », nous n'en connaîtrons que le titre. Il reste au futur « poète national » un peu plus de dix mois, sans parler de dix années, à vivre. Le « regain » artistique qu'on voit chez lui au milieu de la décennie, flétrit. Tel Icare, il tombe des nues. Le 22 juin 1937, Jean-Joseph Rabearivelo se suicide avec une grande mise en scène, déclenchant un débat sur le sens de son geste qui dure jusqu'à nos jours.

Ce projet raté d'un *Ulysse* tananarivien illustre la grandeur et la faiblesse de Rabearivelo. Né quelques années après la fondation de la Colonie, cet autodidacte féroce part à l'assaut du « ciel linguistique » et, dans son parcours météorique, crée une œuvre de virtuose. En même temps, il semble condamné par les contradictions de sa situation de sujet colonial, « un Latin égaré en Scythie ou, inversement, un Scythe latinisé ». Car dans *Les Calepins bleus*, ce poète franco-malgache, qui porte souvent le *lamba*, toge malgache traditionnelle, sur son smoking de bohémien occidentalisant, oppose les « Latins » aux « Scythes » barbares dont il serait le fils.

Dans ce livre, nous n'utilisons pas le cas Rabearivelo pour faire un « procès » au colonialisme français : après tout, son choix même du « camp » latin ne fait guère de lui un martyr de la lutte anticoloniale. Nous cherchons plutôt à explorer la vie et l'œuvre de ce premier écrivain majeur de la francophonie à travers les contradictions et les complexités – les « incohérences » et les « interférences » kaléidoscopiques – auxquelles il se trouve confronté, et qu'il creuse. A partir des travaux pionniers sur Rabearivelo, notamment les livres de Robert Boudry et de Moradewan Adejunmobi, et des *Œuvres complètes* publiées récemment par le CNRS et Présence africaine, nous cherchons à situer Rabearivelo dans son contexte colonial et post-colonial[2]. Nous appuyant sur les documents d'archives et la presse franco-malgache, nous comptons éclairer davantage sa vie et son œuvre, mais aussi les amis, les ennemis et la réception mouvementée de ce « Latino-Scythe ».

---

[2] Robert Boudry, *Jean-Joseph Rabearivelo et la mort*, Paris, Présence africaine, 1958 ; Moradewun Adejunmobi, *J.J. Rabearivelo, Literature and Lingua Franca in Colonial Madagascar*, New York, Peter Lang, 1996.

Origines

Né en 1903, Jean-Casimir Rabearivelo appartient, du côté maternel, à une ligne royale, celle des Zandralambo, qui, à partir de la fin du dix-huitième siècle, est marginalisée au sein de la caste Hova qui gouverne Madagascar depuis les hautes terres d'Imerina (ou Emyrne). En 1896, après la conquête puis la colonisation du pays par le général Gallieni, ce déclin social est aggravé par l'abolition de l'esclavage. En aristocrate déchu, Rabearivelo commence donc sa vie sans privilèges ni fortune. Enfant naturel, il est pris en charge par son oncle paternel et commence ses études dans des institutions catholiques, mais se révolte vite contre l'endoctrinement et la discipline religieux, quittant l'école définitivement à l'âge de treize ans.

Par la suite, Rabearivelo gagne sa vie grâce à de petits boulots précaires, d'abord comme secrétaire et interprète pour Lucien Montagné, le chef de district d'Ambatolampy, à cent kilomètres au sud de la capitale, Tananarive. En 1919 (et non 1916-1919 selon des études précédentes), Rabearivelo se met au service de ce « roi de la brousse », qui est enthousiasmé par la sensibilité poétique de ce jeune talent. Dans son roman, *L'Oragé*, Douna Loup évoque ainsi cette entrée précoce dans un nouveau monde bilingue :

> « Le chef de district s'appelle Lucien Montagné, il a des moustaches noires et il porte le casque bien plus droit qu'un poteau. Un secrétaire sert à tout faire mais avant tout d'interprète. Cette population parle une langue si touffue, Montagné reste planté devant tandis que le jeune garçon s'y faufile. Il en revient avec son butin, une traduction sommaire, scolaire, quatre fois rien de français aligné correctement et voilà que notre chef de district redevient très intelligent devant ces mots intelligibles. Il répond, déclame, retrouve son allant. Le garçon dort et grandit lentement. La

province le rend sensible et Lucien Montagné est linguiste et même grammairien, alors le vaurien de Tananarive enrichit son maigre français, s'entraîne à lire fluidement et navigue d'une langue à l'autre. Il en apprend sur le monde au tournant. Sur la brousse qui se francise. Sur les colons qui la balisent. »[3]

Montagné s'avère le premier des « alliés » français de Rabearivelo dans sa quête de la gloire littéraire. Diplômé de l'Ecole des langues orientales, Montagné avait fait un premier séjour à Madagascar entre 1906 et 1912. Pendant la Grande Guerre, il est mobilisé dans l'infanterie coloniale, où il est cité trois fois pour la Croix de Guerre. Son intérêt pour la langue malgache ne se démentit jamais et, de retour à Madagascar, son protégé poète lui fournit des données linguistiques très utiles (en fait, la grammaire malgache de Montagné, publiée en 1931, reste un ouvrage de référence). Selon son bulletin individuel de notes en 1921, ce chef d'Ambatolampy est décrit comme « un fonctionnaire intelligent, instruit, très fin, qui sait tirer habilement parti de son personnel et des populations qu'il administre sans heurter leurs habitudes et leur mentalité. Travaillant facilement, il dirige d'une façon parfaite le District qu'il administre »[4]. Il est évident que, dans ses rapports avec le jeune interprète, Montagné sert de mentor littéraire aussi bien que de figure d'autorité coloniale. Le 12 janvier 1920, après quelques mois de service, Rabearivelo lui écrit ainsi :

« C'est au milieu de la plus grande difficulté inhérente à la maladie de mon père adoptif, que j'ai l'honneur de vous adresser la présente… Maintenant, je n'ai d'autres ressources que mes écrits, car la convalescence (qui n'est autre que la maladie devenue chronique) de mon père est

---

[3] Douna Loup, *L'Oragé*, Paris, Mercure de France, 2015, p. 21.
[4] Archives Nationales d'Outre-Mer, Aix-en-Provence (ANOM) : FM/ee//ii/6748/montagné.

triste et ne me permet pas de la quitter hors de Tananarive. Heureusement que M. Guy de Téramond a bien voulu s'attacher à mon avenir littéraire, et tout en m'encourageant à écrire des romans français, me promet de les retoucher et de se charger de leurs éditions. Depuis peu, j'ai achevé deux pièces théâtrales, très uniques en leur genre car en vers ; et mon vœu est de les faire jouer à Ambatolampy – Mais qui sait deux manuscrits finir sous ma plume [sic], sous-entend aussi le manque de papier pour les transcrire ! Je passe et reviens au fait : je suis donc, vu la maladie de mon père, dissuadé de vous rejoindre à Ambatolampy – et c'est avec grand regret que je m'en suis décidé... S'il vous serait possible, je vous prie de me recommander à l'un de vos collègues de la Capitale, cela facilitera mes recherches d'emploi. Croyez toutefois, qu'à Tananarive ou à Ambatolampy, je ferait [sic] tout pour vous être utile. (OC2, p. 1081) »

Le 24 mai 1921, dans *La Tribune de Madagascar et Dépendances*, sous le pseudonyme de Jean Osmé, Rabearivelo publie son premier poème en langue française, *Le Couchant*, dédié à Pierre Camo, magistrat de la colonie, qui deviendra par la suite un autre mentor. Ce poème nous introduit à la vision crépusculaire, voire morbide, de Rabearivelo qui parcourt son œuvre :

« Du superbe couchant, naît le beau crépuscule,
Et de la braise éteinte, on voit le Néant
Noir et changeant tout un point minuscule,
C'est fini... Comme un rêve se perd le Couchant. (OC2, p. 61) »

En juillet 1947, dix années après le suicide de son protégé, Camo décrira ainsi sa première rencontre avec lui :

« Au temps où je résidais à Tananarive, et en 1921, je lus, dans un journal du lieu, une pièce en vers qui m'était dédiée : œuvre maladroite de débutant, mais que marquait l'accent d'une vraie sensibilité poétique... ce fut un jeune Malgache qui se présenta au rendez-vous, tout petit de taille, les cheveux en tignasse, et porté sur des pieds trop longs. Aucune trace, dans sa mise, du souci d'élégance propre à ses compatriotes : drapé dans un lamba de cotonnade blanche, il semblait affecter une fidélité démodée à l'ancien costume national… l'intelligence éclatait dans la flamme de son regard ; mais la timidité du personnage était extrême.[5] »

Camo l'aide à retoucher un deuxième poème, resté inédit, « Ambatolampy », qui est dédié à son ancien chef. Rabearivelo écrit à Montagné à propos de ce début littéraire :

> « [Les vers du *Couchant*] sont peut-être les premiers écrits et publiés par un malgache. Vous y trouverez ci-inclus les autres dans lesquels je fait [sic] l'apologie de votre poétique district, et que, avec une prière aditionné [sic] de respect, qu'ennoblit notre amitié, je vous prierai de faire réciter à la prochaine inauguration que vous préparez et que Tananarive attend avec impatience… je vous donne ces vers que la plume du grand poète Camo a glorifié [sic] de sa retouche. Pourrez-vous me rendre heureux en exauçant mon vœu d'entendre mes œuvres récitées par une bouche hardie devant une foule qui ne manquera pas, je pense, de les applaudir ? Je l'espère ! et ne demandant plus qu'une grâce d'être inconnu – et – d'être tenu en secret – je vous prie, M. l'Administrateur, d'agréer l'hommage de mon profond respect. (OC1, p. 1083) »

« Ambatolampy », écrit en septembre 1921, illustre le dualisme déjà à l'œuvre chez Rabearivelo, qui passe constamment entre cultures et langues malgaches et françaises. Ecrit en vers réguliers, ce poème mélange géographie malgache et allusions à l'antiquité européenne :

> Ô Ville que couve l'Ankaratra sacré !
> Et qui semble pleurer avec ses Oréades,

---

[5] Pierre Camo, « Rabearivelo et moi », *Climats. France et Outre-Mer*, 3 juillet 1947.

> Qui pleurent sur les tombeaux des Hamadryades,
> Cachés sous les motifs du *fano* diaprée ;
>
> Ô Ville de Mystère et de Charme anciens,
> Pays de Poésie et pays d'alouette !
> Reçois en ces strophes le salut d'un poète,
> Qui vécut (des ans passés), parmi tous les tiens !
> ...
> Salut, Ambatolampy ! Ô pays deux fois saint,
> Pays d'antiquités qu'ennoblit la Pomone !
> Le poète te quitte en tressant ta couronne
> Avec l'épi d'or dont ton alentour est ceint ![6]

Rabearivelo continuera d'entretenir des relations avec ce haut fonctionnaire, qui devient chef du Bureau de la propagande en 1924, puis président du tribunal indigène en 1925-1927, avant d'être nommé gouverneur des Comores en 1931. Selon Pierre Verin, Montagné « le protégera plus tard contre les vexations que la société coloniale infligeait à ceux qu'elle mettait au bas de l'échelle »[7]. Montagné s'éloigne définitivement de Madagascar en juin 1933, quand il est nommé Gouverneur des établissements français de l'Océanie. Il semble que la première trace d'un voyage par Rabearivelo en dehors de la Grande Île soit la proposition de Montagné, qui avait demandé au poète de le suivre en Océanie ; l'offre était séduisante – le voyage permettrait de retrouver le mythique pays d'origine des Malgaches – mais Rabearivelo aurait refusé car le voyage ne comportait pas la perspective d'un retour[8].

Après ce bref, mais décisif, séjour à Ambatolampy, Rabearivelo travaille comme coursier, dessinateur de

---

[6] Pierre Verin, « Rabearivelo, poète à vingt ans : l'exemple de l'inédit sur Ambatolampy », *Etudes Océan Indien*, 17 (1994), pp. 127-135.
[7] Ibid., p. 129.
[8] Voir A. Ranaivozanany, *La tradition malgache dans Jean-Joseph Rabearivelo*, mémoire de DES, Université d'Antananarivo, mai 1968, pp. 29-30.

dentelle, puis employé du Cercle de l'Union, une sorte de foyer culturel pour les colons à Tananarive. Ce dernier poste marque encore un tournant : le jeune poète devient responsable de la bibliothèque du Cercle, ce qui lui permet de développer sa passion naissante pour la langue et la culture françaises. En 1920, il fréquente le cercle littéraire de Samuel Jefatra, qui réunit des étudiants de médecine qui voudraient assimiler les Malgaches à la civilisation occidentale. Ayant consolidé, sinon perfectionné, sa maîtrise de la langue française, le nouveau Jean-Joseph Rabearivelo (le JJ serait-il un clin d'œil à son héros genevois ?) se consacre à la littérature, contribuant par articles, des poèmes et des nouvelles au *Journal de Madagascar franco-malgache* entre autres revues. Déjà en 1922, il est reconnu par ses pairs comme chef d'une avant-garde nommée « la phalange Rabearivelo », qui compte dans son nombre Lys-Ber (Joseph-Honoré Rabekoto), James Raoely et Anja-Z (Esther Razanadrasoa). En traduisant en français ces poètes malgachophones, Rabearivelo cherche à faire connaître ces jeunes novateurs.

Le lancement de la carrière littéraire de Rabearivelo coïncide avec une période d'effervescence politique et culturelle considérable dans le Madagascar colonial. L'année 1920 voit le début du retour d'exil des membres survivants de la *Vy Vato Sakelika* (Fer, Pierres, Ramifications), une société secrète qui avait défié le pouvoir colonial pendant la Grande Guerre. S'inspirant du modèle japonais, ces intellectuels malgaches sont animés par le souci de préserver leur culture tout en assimilant les connaissances scientifiques du monde moderne. En février 1916, les VVS font l'objet d'un procès et sont déportés. Suite à l'amnistie prononcée le 22 novembre 1922, ils sont tous revenus en 1923. Dans leur nombre se trouve le poète Ny Avana, que Rabearivelo traduira également. Entre-temps, l'interdiction qui a muselé la presse sept longues années durant est levée et journaux et revues fleurissent de nouveau. Ces années voient l'essor de l'institution littéraire malgache, initié en 1906 avec l'apparition des premières revues littéraires hors tutelle du circuit de production des Missions chrétiennes. Des intellectuels malgaches s'approprient avec enthousiasme les techniques de la littérature occidentale, encouragés par Pierre Camo et un autre haut fonctionnaire et homme de lettres, Robert Boudry. Né en 1893, Boudry est trois fois blessé pendant la Grande Guerre. Il entre dans l'Administration centrale des Finances en 1919, puis entame une carrière à Madagascar, devenant chef de bureau en 1927, avant d'être promu au poste de Directeur du Contrôle financier de Madagascar en 1930. Selon Rabearivelo, avec l'aide de ces mécènes actifs, « les indigènes... s'abreuvent de latinité » (OC2, 1251). L'effervescence culturelle des années 20 ne se limite pas au domaine de la littérature : l'année 1922 voit la création d'une Ecole des Beaux-Arts ; l'année suivante, une première exposition de peinture moderne est tenue dans la capitale. A la fin de cette décennie, un Atelier des Arts Appliqués Malgaches est ouvert, suivi du premier Salon annuel de Tananarive.

Pierre Camo introduit Rabearivelo dans les cercles littéraires français dès leur rencontre en 1921 et lui ouvre largement les colonnes de sa revue *18° Latitude Sud*, à laquelle celui-ci contribuera avec des poèmes et des adaptations de textes traditionnels. En 1924, Rabearivelo publie son premier recueil en français, *La Coupe de Cendres*. C'est également à cette époque qu'il trouve une situation stable comme correcteur à l'Imprimerie de l'Imerina, qui fabrique la très influente *Tribune de Madagascar et Dépendances*. Avec le soutien du directeur Louis Dussol, c'est un poste qu'il gardera jusqu'à la mort. Dans une « ville des mille » en pleine transformation coloniale, Rabearivelo commence à cumuler les soutiens francophones : Victor Malvoisin, journaliste et ami de débauche, Henri Vidalie, directeur du *Journal de Madagascar*, et Octave Mannoni, futur psychanalyste de la colonisation. Ainsi, ce « Scythe » commence à se frayer un chemin parmi les « Latins ».

Poésie de rupture et de mélancolie

Dans un poème de *Volumes*, publié en 1928, Rabearivelo écrit : « Quant à moi, fils des Rois d'une époque abolie,/reposant au rebord d'un tombeau qu'on oublie,/je chante d'une voix qui n'est pas de mes morts » (OC2, 1644). Il exprime une mélancolie qui trouve un véhicule convenable dans la poésie romantique puis symboliste qu'il absorbe et imite : des vers réguliers finement sculptés – mais non sans hétérogénéité ni ingéniosité de rythmes et de rimes – portent l'empreinte de Charles Baudelaire, Albert Samain, Paul Valéry et Pierre Camo, entre autres. Dans *La Coupe de cendres*, un recueil dominé par la thématique de la rupture amoureuse, ce jeune poète âgé de 21 ans voit déjà s'accumuler les ruines et les tombes derrière lui. Dans « Désenchantement », un « lointain souvenir/de quelque rêve mort,/un vent, un zéphyr/vient, resouffle et mord ! » (OC2, 77). Dans « La nouvelle tombe », « Ma tombe est toujours ma tombe,/mais mon cœur en est une autre » (OC2, 84).

1925 est une année d'activité intense : Rabearivelo rédige trois recueils de poésie, *Le Vin lourd*, *Trèfles* et *Chants pour Abéone*, un roman, *L'Aube rouge*, et un *Tableau de l'évolution hova*. En même temps, pour gagner sa vie et perfectionner sa maîtrise de la langue française, il donne des cours de français aux deux cousines Marguerite Rabako (dite Mary), qui deviendra son épouse, et Sahondra, qui restera amie et muse.

Rabearivelo fait donc des avancées fulgurantes comme poète francophone, mais malgré « cette voix qui n'est pas celle de mes morts », il ne délaisse pas pour autant son pays natal. Dans *Le Vin lourd*, c'est sous l'égide de Guillaume Apollinaire qu'il réinvente le lien sacré qui se noue entre terroir et vin. Dans « Invocation », poème écrit en vers de 18 syllabes, le poète déclare : « Tu omis de citer mon île,

Apollinaire, et ne l'écoutas pas » (OC2, 98). A l'instar du poète moderniste, lui-même bâtard et étranger, Rabearivelo veut contribuer aux vendanges de la francophonie : « Abreuve-toi de ce vin pur mais lourd/où j'ai mis le sang de mon cœur, où j'ai, don Juan, versé des pl eurs de femmes » (OC2, 99). On y trouve également des évocations du pays natal. Dans « Ambatofotsy », dédié à Ny Avana, Rabearivelo fait l'éloge de ce « petit coin de terre/qui vis naître et mourir mes plus lointains aïeux/petit coin solitaire » (OC2, 106). Mais Rabearivelo s'efforce de combiner cet attachement à un royaume perdu avec une ouverture culturelle qui se veut planétaire :

> « Je relirai les grands poètes de la Terre,
> Ovide, Dubellay, Jammes, Mercier, Camo,
> Ô terre perdue où ma mère
> M'a bercé tendrement, à l'ombre d'un rameau vert,
> Au bord d'un ruisseau clair
> Où, fiers de leur azur, nos beaux cieux s'adonisent,
> Où des enchantements rustiques s'éternisent
> Parmi la solitude émue
> D'une cité qui vit les cortèges royaux
> Passer avec les puérils joyaux
> Des reines et de leurs demoiselles. (OC2, 107) »

Dans « Fresques de décembre », dédié à Lys-Ber, avec des voluptés nouvelles et des parfums languissants « notre soif d'inconnu/sera plus avivée ». « Quittons nos murs d'argile ! », s'exclame-t-il (OC2, 113).

Le navire en partance et l'attirante mer attendent ces amis, mais ce voyage peut assumer la forme très baudelairienne de la mort. Dans *Trèfles* (1925), Rabearivelo chante l'amour et l'amitié, mais dans « Les couleurs », une sorte de réplique aux voyelles de Rimbaud, ce qui domine, c'est le morbide, le méchant, le noir, le gris et la déchéance. Dans « Regret », il se penche sur les périls du voyage : « Que ne souffrirai-je, ô pays où je suis né,/Lorsqu'un autre sort, un jour me sera donné/Et que de tes seins sera la bouche éloignée !» (OC2, 157). En refermant l'œuvre de son héros Jules Laforgue, il se demande : « Dans la vie – oh ! la pose ennuyante, ô Laforgue ! – si je devais un jour sombrer, quelle remorque plus sûre que ta morgue ? » (OC2, 158). Dans *Chants pour Abéone* (qui ne paraîtra qu'en 1936), Rabearivelo s'inspire de la déesse romaine du départ et de l'exil. Le recueil est dédié à de grands « voyageurs » : Poe – auteur de *Anywhere out of this world* –, Baudelaire, Mallarmé et Marcel Ormoy, mais aussi à des amis morts jeunes, Thomas Robison et Lys-Ber, « Mes devanciers en l'Aventure, la vraie, la seule dont nous ne sachons rien » (OC2, 176). Le poète y exprime à la fois son envie des oiseaux migrateurs, « nomades de l'azur/et du calme vert des forêts tropicales » et l'attrait des tombes ancestrales : « L'incessant mirage/des ciels et des flots, loin de l'appel des morts !» (OC2, 178-179). L'appel des morts est bien fort : la mort dans cette année de son ami et « double », le poète Samuel Ratany, pourrait avoir conforté Rabearivelo dans cette certitude qu'il ne vivrait pas longtemps. Les dédicaces de beaucoup des poèmes de cette période démontrent une fascination morbide pour les poètes maudits qui meurent jeunes, à commencer par le décadent Jules Laforgue. Profondément superstitieux, Rabearivelo est fasciné par le fait d'être né sous le signe des Poissons, tout comme Fagus et Verhaeren, qui connurent des morts violentes. En outre, beaucoup de ses compagnons malgaches en poésie mourront jeunes : sa génération semble frappée d'une malédiction.

Les thrènes se multiplient dans l'œuvre du poète, exprimant un sentiment d'exil : de sa jeunesse, mais aussi de la langue de ses ancêtres. Une tonalité élégiaque domine *Sylves* (1927). Dans « Dixains », il déclare à Lys-Ber : « Cher poète exilé dans les terres lointaines,/…/Le bois est dépeuplé/de ses plus beaux oiseaux ! Ma jeunesse s'effeuille,/et les fruits ont un goût de cendres que je cueille ! »(OC2, 228). Certes, il s'agirait d'un adieu à la jeunesse, mais on trouve également dans ces élégies une conscience aiguë de la chute de ces ancêtres, auxquels il s'adresse dans « Stances liminaires » :

> « Salut, terre royale, où mes aïeux reposent,
> Grands tombeaux écroulés sous l'injure du temps
> …
> Je vous salue, aussi, montagnes éternelles
> Immuables témoins de notre âge aboli
> …
> Ô Pays d'Inconnus, de Héros et de Grands ! (OC2, 229) »

En contemplant ce pays ruiné, lui viendront « les grandes faims mystiques/Car vos ombres, mes morts, émigrent en moi » (OC2, 230). Vainement il taira « les sanglots de mon âme,/Ô pays de repos, de trêve, de loisirs » (OC2, 230).

Comment donc concilier cet attachement aux morts et cette nouvelle langue d'expression ? Dans « Influences », il souhaite que « sa courbe épouse encore plus ta rive/…/Afin d'énoncer mieux cette langue étrangère/…/que j'adopte sans éprouver nul remords » (OC2, 231). L'exilé voudrait rester fidèle aux aïeux, demandant aux palmiers importés d'un rivage lointain : « rappelez à mon cœur le culte que je dois/à cette terre où sont les tombeaux de mes Rois/et non à quelque obscure et vaine Malaisie ! » (OC2, 231). Dans « Tombeau de Radama II », le poète sait « à quelle nostalgie est à jamais vouée/ta pauvre âme de roi déchu et de prince sans trône ». Un décor de corbeaux, d'éperviers et de cimetières oubliés rappelle le fait que l'homme n'a rien en soi d'impérissable. Comme les arbres transformés en pièces de la *valiha*, instrument traditionnel, son âme inassouvie reste « au fond des sylves exilée » (OC2, 237).

Dans la vie de Rabearivelo à cette époque, le tableau n'est pas complètement noir. Sa notoriété littéraire va croissant et, grâce à une certaine stabilité matérielle, l'année 1926 voit son mariage avec Mary et la naissance d'un fils, Solofo (« jeune pousse »). Dans *Volumes* (1928), le poème d'ouverture, « Vers le bonheur », semble marquer un tournant :

> « J'ai découvert un nouveau port
> où souffle un vent heureux et pur
> ...
> C'est toi, regard de mon enfant,
> c'est vous, mes livres, et c'est toi,
> soleil danse sur mon toit,
> guerrier de l'ombre triomphant
> ...
> Fuyons la plage d'Elseneur.(OC2, 250) »

Une « guirlande de l'amitié » célèbre des affinités poétiques et personnelles. Mais le dualisme de ce Malgache au contact de la France revient de façon obsessionnelle, par exemple dans un poème à Robert-Edward Hart, écrivain mauricien, où il fait allusion à Mallarmé :

> « Donner un sens plus pur aux morts de la tribu
> Et l'imprégner du sang de mes morts que nos tombes
> Ombreuses et nos morts ensoleillés ont bu,
> Mission périlleuse et double qui m'incombe ! (OC2, 262) »

D'autres poèmes de ce recueil illustrent combien cette mission est périlleuse et double. Des arbres indigènes - *aviavy, amontana*, ficus – paraissent en opposition avec des arbres en exil : lilas, grenadier et laurier. Dans « Lys », « ta gerbe sans lendemain/qu'a tressée en silence la lune » contraste avec la vigueur de l'*aviavy* : « tu nous dis, bel arbre, de rester/nous-mêmes et d'avoir la suprême fierté/de nos seuls paysages » (OC2, 265, 273). Il y a des arbres qui symbolisent le déclin d'un peuple. En contemplant les rejets maladifs du *zahana*, le poète déclare : « Comme le mien ton front n'offre plus au matin/que les dernières fleurs d'un arbre qui s'éteint,/et ta défaite est sœur de celle de ma race ! » (OC2, 274). Dans « Au soleil estival », Rabearivelo se penche sur l'originel mystère de cette race défaite : nomades d'un continent lointain, auraient-ils échoué sur les côtes de Madagascar à cause d'un vent mauvais ? Quoi qu'il en soit, on ne perd pas l'espoir d'une résurrection :

> « Insensible à l'avenir et à sa pensée,
> Etreignant du regard sa jeune fiancée,
> L'enfant de nos amours latents attendra
> Que d'Imanga, commune anciennement royale,
> Vienne nous entourer l'âme immémoriale
> De l'orgueil de l'Emyrne et du passé des Rois.(OC2, 283) »

Ailleurs, il regrette Iarive la morte : « Depuis longtemps déjà tu m'as fermé la porte/Destinée à donner sur le soir de ma race » (OC2, 286). Les effets de la mission civilisatrice de la France ne séduisent pas un poète qui, contrairement à son héros Baudelaire, n'embrasse pas la modernité urbaine : « Jeunesse morte et Cité abolie/Palais de pierre, usines spacieuses/Le ciment de la Cité future… Civilisation, tu dresses sur elle/…/une émouvante stèle/mais sans l'inscription que demande un tombeau » (OC2, 291).

L'appel des morts reste incontournable. Son recueil suivant, *Snoboland* (1929), marque une prise de distance par rapport à ses adorations littéraires de jeunesse, tandis que dans « Regrets d'Iarive et d'Imanga » il entend « le double appel de la terre et du sang » (OC2, p. 314). En même temps, il invoque un jeune poète français, André Chénier, pour illustrer la tragédie de son pays natal :

> « Que de fois ton ombre, entre toutes aimée,
> m'y frôle aussi, Chénier ! Que de fois mon printemps,

infortuné comme l'Emyrne décimée,
m'y tresse plus de fleurs et de fruits éclatants !
...
Vos charmes abolis, vos grâces sans histoire
et leurs parfums éternels de vergers dévastés,
ont-ils assez de place en la naissante gloire
de votre enfant si fier de sa nativité ? (OC2, p. 323) »

    Le fait colonial, qui n'a guère que trente ans, reste donc incontournable.

Face au fait colonial

Nous avons vu que Rabearivelo est tombé amoureux de la langue et de la culture françaises. Dans « A la langue française », un poème inédit de 1925, il rend hommage à cette source qui « fais jaillir par moi ce clair bonheur/que l'on déguste lorsqu'on a l'insigne honneur/d'être admis au parvis de ce temple suprême/…/flambeau qui sur mes nuits tend ta vive clarté » (OC2, p. 387). Invoquant comme prédécesseurs Villon, Ronsard, Racine, Malherbe, Lamartine et Baudelaire, il apporte son nom et son cœur en hommage. Dans « L'attitude que nous devrions avoir par rapport à l'acquisition de connaissances », un essai paru en 1932, il écrit : « Nous avons bien la chance d'être les enfants qu'élève en son sein la France, ce pays qui a vu naître tant de personnalités égales, en célébrité et en gloire, aux plus grands de ce monde » (OC2, 1301). Dans un de ses tout premiers poèmes publiés en français, « Le drapeau blanc », le jeune poète va jusqu'à célébrer la chute de Tananarive, exhortant la Muse à chanter la France aussi bien que Madagascar. Il serait donc abusif de suggérer, comme le fait Moradewun Adejunmobi, que le choix du français est une ruse imposée par la présence coloniale.

Cela dit, Rabearivelo n'est aucunement ce que le critique post-colonial Homi Bhabha appelle un *mimic man* : il s'imprègne de la culture française mais refuse de la « singer ». En réaction à son statut d'aristocrate déchu, Rabearivelo se lance dans l'étude de l'histoire et de la culture malgaches afin de tracer une généalogie royale où il aurait sa place, notamment dans une série de conférences faites pour l'Académie malgache au début des années trente. En même temps, il y a un tournant nativiste dans son œuvre littéraire. Malgré son amour de la France, il est estimé que la conquête coloniale a eu des conséquences néfastes pour la littérature malgache. Dans « Position de la poésie hova », paru à Bruxelles dans *Le Journal des Poètes*, il écrit : « Le sort des armes, les surprises de l'Occident puis les tribulations au sein de la nouvelle civilisation ont, sinon perverti, du moins changé le cœur, l'âme et la vie même des Hova de toutes les classes. Cela n'a pu qu'influer profondément sur notre poésie d'aujourd'hui » (OC2, p. 1418). Dans un autre essai pour *Le Journal des Poètes*, « Madagascar dans la littérature française », il élabore cette vision de crise :

> « Une âme se décèle et s'ouvre dans son désarroi ; elle se renferme dans son mystère une fois redevenue paisible et laborieuse – telle la chrysalide dans son cocon. Nous venions de sortir vaincus d'une guerre facile mais lamentable. Les traîtres, nous n'en avions qu'à les dénombrer, et jusque parmi nos meilleurs amis et nos meneurs. Nous avions perdu la partie la plus vive de nous-mêmes, et nous la recherchions. Un vif sentiment d'inquiétude et de méfiance naturelle nous travaillait à la façon d'une angoisse. A qui nous confier ? Pas à nous-mêmes. Et puis, pouvions-nous nous exprimer ? (OC2, 1356) »

Nous avons vu que le lancement de la carrière littéraire de Rabearivelo coïncide avec une période d'effervescence politique et culturelle considérable dans le Madagascar colonial, notamment avec le retour d'exil des membres survivants de la VVS. En privé, Rabearivelo a de la sympathie pour ces martyrs de la cause nationale. Dans un texte inédit du 9 septembre 1925, le jeune poète appelle non seulement à une amnistie mais à une révision complète du procès des membres de la VVS. Effectivement, à cette époque, il tient à des positions fortement critiques du colonialisme. Dans un autre texte inédit du milieu des années 20, il dénonce la guerre franco-espagnole menée par Franco et Pétain contre Abd el Krim et les rebelles du Rif : « La guerre du Maroc est une honte. La guerre du Maroc est un désastre... Je n'arrive pas à excuser l'Occident, lequel, sous prétexte de civiliser, veut s'ériger en maître sur une terre après en avoir tué les propriétaires naturels ou, au moins, acheté à vil prix la conscience ». Cet « esprit de lucre » avait motivé la conquête française de sa mère-patrie : « Je me rappelle tous les actes honteux qui entachent de sang et de crimes la gloire et l'horreur (Mon Dieu !!!) dont se targue l'œuvre française à Madagascar, et qu'on lira demain dans mon *Aube rouge* ». Il conclut : « Nous te plaignons, nous sommes plus humains que toi, nous qu'ont nourris tes encyclopédies, et qui avons emprunté de tes lumières... Relève-toi, Occident. Marchons vers la Civilisation »[9].

L'Aube rouge est le premier roman que Rabearivelo écrit en français. Inspiré par René Maran, auteur de *Batouala, véritable roman nègre,* et premier homme de couleur à gagner le Prix Goncourt (en 1921), Rabearivelo cherche à raconter l'histoire « vraie » de la conquête française de Madagascar. Déjà, il avait écrit un *Tableau de l'évolution hova* afin de donner de Madagascar, selon Laurence Ink, « l'image d'un pays construit, au passé fort » (OC2, p. 1589). Basé sur une documentation solide, *L'Aube rouge* est dédié à son aïeul Randriambelo, pasteur du Temple royal, « qui assista, impassible, à la gésine du soleil français ». Dans sa préface, Rabearivelo dénonce les lacunes dans l'histoire récente de Madagascar, qui « tendent à noyer des dates inoubliables ; pire encore, elles se permettent plusieurs substitutions. Cela, et c'est indubitable, pour servir des politiques » (OC2, 811). De telles lacunes peuvent être comblées par l'histoire transmise de génération en génération par la voie des veillées. Ces récits de la conquête font savoir que « les Hova, se croyant dans leur droit, ne se laissèrent pas faire et résistèrent vaillamment. Ils font savoir aussi que les Français ne réussirent pas d'un coup à écraser l'ennemi. Aux uns

---

[9] Fonds Rabearivelo, sans date.

comme aux autres, ils rendent honneur » (OC2, 811). Rabearivelo est bien conscient du caractère explosif de sa réécriture de l'histoire récente : « Les politiques séviront encore… Ce livre leur sera pénible. Elles se refusent à croire que, écrit par quelqu'un qui doit tout à la France et s'en réclame, il n'a d'autre but que celui de les guérir » (OC2, p. 812). Les « politiques » auraient contracté une « cécité humanitaire » : « Qui ne flatte pas leur bassesse, ne favorise pas leur esprit de lucre et matière – celui-là est tout désigné à leur implacable persécution » (OC2, p. 812). Rabearivelo cite comme exemples de persécution coloniale et raciale le Mahatma Gandhi, en Inde, Marcus Garvey, aux Etats-Unis, et Jean Ralaimongo, fondateur de La Ligue française pour l'accession des indigènes de Madagascar aux droits des citoyens français, alors emprisonné. L'écrivain déclare : « Cette barbarie en plein XXe siècle, il faut la civiliser… Ce triomphe, je le souhaite à ma mère – Je me battrai avec elle pour qu'elle y arrive ». Mais la lutte sera un dur témoin. Comme Baudelaire au seuil d'un livre condamné, il dit au lecteur : « PLAINS-MOI… SINON, JE TE MAUDIS ! Ah ! sache, lecteur, que cette apostrophe que je te lance vient de toute une race maintenant française ! » (OC2, p. 812).

L'Aube rouge donne une forme littéraire à cette critique du colonialisme. En imitation fidèle des transitions de Maran, le récit suit les cycles naturels et cosmiques : lever et coucher du soleil, cycle lunaire. Les douze chapitres correspondent à douze heures de la nuit gestative qui prépare « l'aube française ». La première partie, « La nuit agitée » couvre l'année 1883, de l'ultimatum français au bombardement de Tamatave. Dans les pages d'ouverture, les explosions du champagne et les spectacles de joie dans le Palais du Règne-calme cachent mal l'anxiété de la Reine et de son entourage. Dans la seconde partie, « La gésine solaire », on passe de la mort de Ranavalona III à la résistance victorieuse des Malgaches à Farafaty, même si ce triomphe éphémère est miné par la gestation insidieuse de l'impérialisme français, qui supplante doucement l'influence anglaise. Dans la partie concluante du roman *L'Aube rouge*, Rabearivelo évoque l'histoire de son pays du traité franco-malgache du 17 décembre 1885 à l'instauration d'un protectorat sans le dire avant de sauter aux événements 1895-1896, où les Français, menés par le général Gallieni, sacrifient à leur volonté de toute-puissance des victimes innocentes et expiatoires, dont Rainandriamampandry, gouverneur de Tamatave et ministre de l'Intérieur. Si les reines malgaches sont dépassées par les événements, cet homme est le véritable héros de Rabearivelo. Homme de devoir, mais aussi prédicateur et érudit, Rainandriamampandry avait rédigé le manuscrit d'une grande histoire de Madagascar et collecté des *hainteny* (une forme littéraire malgache traditionnelle qui contient dialogues, joutes verbales et énigmes). Il fait un effort réel pour comprendre les Européens – leur faisant éduquer ses enfants – et, jusqu'à son exécution injuste, proteste de sa loyauté à la France. Sous la plume de Rabearivelo, il incarne donc le héros patriote, symbole moral de la valeur hova. Ainsi, un livre qui commence sur des explosions de champagne s'achève sur une salve qui foudroie et sanctifie :

> « Arrivant par bonds, enflammés, le soleil se jetait partout, illuminant tout de son feu jaune et ondoyant.
> Le réveil partout.
> Rainandriamampandry sourit à tout cela dans sa minute ultime.
> Mais il voyait des symboles, dont son sang serait la consécration.
> Il souriait.
> Soudain, dans une main résolue, une épée fendit l'ait. Une salve retentit. (OC2, p. 901) »

Le sang coule donc sur le nouveau soleil qui se lève sur un Madagascar vaincu par les colons. Cela dit, Serge Meitinger remarque avec justesse : « il reste clair que par cette image, un hommage implicite est rendu au rayonnement français ; il n'a eu que le tort de s'assurer le pouvoir par une injuste violence » (OC2, p. 804). Comme nous l'avons déjà vu, Rabearivelo reproche à l'Occident d'avoir trahi ses racines éclairées ; c'est ensemble que colonisateur et colonisé devront retrouver et reconstruire la « civilisation ». Rainandriamampandry, à la fois poète et politique, patriote malgache et francophile, semble incarner une synthèse future. Mais *L'Aube rouge* devra attendra 1998 pour paraître dans une anthologie. Sans doute ce roman « maudit » est-il suffisamment en contradiction avec les clichés exotiques du roman colonial pour être contré par la censure coloniale et rebuter des éditeurs potentiels.

Dans *L'Interférence*, un autre roman resté inédit à cette époque, Rabearivelo offre une vision encore plus pessimiste du passé récent de Madagascar et de ses perspectives d'avenir. Il raconte le déclin et la chute de trois générations d'une caste royale, les Rainandriantsitoha, qui s'avère incapable de s'adapter à la lumière envahissante de la civilisation occidentale. Eblouie et aveuglée, cette lignée royale est poussée vers l'extinction. Une fille de la troisième génération, Baholy, est réduite à la misère, baptisée et prise en charge par les Sœurs, mais elle semble sauvée de l'égalitarisme chrétien par un lieutenant français qui vient d'arriver avec l'expédition coloniale de Gallieni. Le lieutenant la demande en mariage, mais, en même temps, Baholy devient enceinte de l'interprète du lieutenant, Ratovo. On pourrait dire que l'harmonie entre colonisateur et colonisé est « perdue dans la traduction » : le lieutenant apprécie les « charmes sauvages » du malgache parlé par son épouse, tandis que Ratovo a du mal à véhiculer le discours ronflant du Français sur sa « mission civilisatrice ». Aristocrate déchue, Baholy est repoussée à la fois par la lâcheté du lieutenant – il refuse de reconnaître l'enfant – et par le statut inférieur et subordonné de l'interprète. Si le lieutenant est couvert de médailles pour ses exploits dans la brousse, l'interprète ne reçoit que deux morceaux de laine rouge épinglés à ses manches. Baholy se sent souillée par sa liaison avec Ratovo. Elle persuade donc l'interprète d'embarquer sur sa pirogue et les deux meurent noyés dans le fleuve. Les lumières – et les langues – interférantes de deux civilisations ne semblent produire que des contrastes vifs. Effectivement, dans son épilogue, Rabearivelo affirme : « Comme disait Leibniz, la nature ne fait pas de sauts. Les civilisations non plus hélas ! Quoi qu'on prétende. Ce n'est pas l'apparente réussite des plus habiles politiques d'assimilation qui le démentira ». Pour renforcer ce propos, il cite Rudyard Kipling : « L'Orient et l'Orient et l'Occident est l'Occident, et les deux ne se rencontreront jamais » (OC2, p. 1031). Avec « les douze volumes qui sont prêts dans ma pensée », une polyptique portant le titre de « Le dépaysement imérinien », il cherche à démontrer cette incompatibilité radicale.

Ce texte ne sera publié qu'en 1988, après que le comité d'organisation du colloque de 1987 découvre la prose française de Rabearivelo dans les archives familiales. Dans les deux romans, l'auteur est prêt à critiquer la violence souvent arbitraire de ses nouveaux maîtres, mais il serait abusif de qualifier ces ouvrages d'« anticoloniaux ». Dans leurs pages s'étalent des critiques de la population indigène qui feraient rougir les ultras de la colonisation. Dans *L'Interférence*, la caste aristocratique est condamnée pour son intransigeance et son laxisme. Les Malgaches en général se caractérisent par la division, la cruauté, la lasciveté et la honte du métissage. Les « nègres » sont aux confins de l'animalité et semblent regretter leur émancipation par les Français. Selon Nivoelisoa Galibert, ce roman, dédié à trois amis français, « ne pouvait déplaire au colonisateur, les seuls personnages auxquels Jean-Joseph Rabearivelo s'attaque ouvertement étant ses propres compatriotes » (OC2, 924). Le roman illustrerait de façon exacerbée le dualisme fondamental de l'auteur :

> Tout se passe comme si, parti pour célébrer la terre de ses aïeux, le passé des vieux sages, Jean-Joseph Rabearivelo s'était pris au piège de ses interférences : ici, celle de ces aspirations malgaches et de sa vocation française. Ce discours brouillé, déjà dérangeant pour des nationalistes contemporains de Jean-Joseph Rabearivelo, peut expliquer que le roman soit resté inédit de son vivant. (OC2, 922)

Une autre interprétation est offerte par Andry Solofo Andramiariseta, qui suggère que le roman imagine la dissolution symbolique des contradictions insupportables désignées par Galibert :

> *L'Interférence* est une traduction de la quête de l'ultime port d'attache hors du temps et de l'espace absent de l'époque coloniale. En fait, il n'est pas seulement le reflet d'une réalité sociale mais l'expression d'un ensemble d'aspirations de Baholy, dans un espace/temps où l'homme ne sera plus un loup pour l'homme. Là où le dialogue entre l'héroïne Baholy image de la famille Rainandriantsitoha d'après immersion, et son nouveau mode aquatique sont en parfaite harmonie. Ainsi, les multiples répressions des années vingt et la nostalgie des temps de la royauté semblent être révolues.[10]

Néanmoins, au début des années 30, on trouve chez ce Malgache un passage de l'imitation de la langue et de la culture françaises à une « deuxième manière » marquée par

---

[10] Andry Solofo Andramiariseta, « La chute sacrificielle : pour une interprétation « sacré » de la chite dans l'Interférence de Jean-Joseph Rabearivelo », mémoire de maîtrise, Université d'Antananarivo, 2005, p. 130.

une démarche plus créative et « militante ». En 1930-31, Rabearivelo co-dirige *Capricorne*, qui se veut « revue de littérature et d'art français et indigène dans l'Océan indien ». Des poètes de la région, tels Robert-Edward Hart, Robert-Jules Allain et Pierre Camo, évoquent les paysages et les cultures, tandis que Rabearivelo contribue des « poèmes hova en vers libre ». Dans une lettre, Paul Valéry, une de leurs principales sources d'inspiration, salue la fondation à Madagascar d'un foyer de culture française et indigène : « Il faut semer et cultiver la poésie dans toute terre où la vie artificielle n'est pas encore toute puissante et ne découpe le temps, la méditation, la rêverie des hommes... C'est peut-être dans ces ilots de poésie que se conserveront des choses très précieuses dont l'Europe semble se désintéresser aujourd'hui »[11]. En même temps, dans les pages de cette revue, Rabearivelo est prêt à défendre vigoureusement la culture indigène contre toute dissolution dans l'imitation. Ainsi, il riposte à un critique malgache qui ridiculise une création théâtrale censée représenter Madagascar à l'Exposition coloniale de 1931 :

> Qui donc disait qu'une pièce infâme, à portée politique et insultante pour notre race, était répétée à Tananarive, destinée à l'Exposition de 1931 ? C'était, si nous avons bonne mémoire, aux premiers jours d'octobre. A la pointe d'une plume de cacographe, une prose lourde de haine, de parti-pris et surtout d'ignorance se dévidait alors péniblement, comme au bout d'une mauvaise quenouille, on ne sait quelle matière informe. Exploitant l'inconcevable mépris que l'arriviste indigène professe à l'égard de tout son passé, des gens sans foi répétaient en ville que la pièce mettait en scène un Madagascar barbare. Pour le prouver, ils citaient de vieilles et charmantes romances qualifiées d'ignobles par les néo-civilisés.

---

[11] *Capricorne*, 3, décembre 1931.

Rabearivelo passe à un compte rendu élogieux de cette production indigène, ses « décors féériques » et un chœur nostalgique exécuté par tous les artistes : « il dit le regret du pays natal et l'attachement à ses horizons ». Trois « magnifiques » ballets populaires ont agrémenté la scène : « Nous les recommandons particulièrement aux esthètes Valéry, Brillant et Levinson, comme nous le faisons à d'autres amis pour le beau ténor Benoit Rakotomanga à qui il aurait peut-être fallu confier un rôle plus important ». Le critique conclut :

> Tout-Paris verra cette revue et l'honorera, sinon de son enthousiasme, du moins de sa curiosité. La Colonie y gagnera beaucoup, surtout si comme nous aimons à le penser, nos artistes ont le temps de parfaire leur « métier » et de se débarrasser, non seulement de quelques jeux encore malhabiles, mais aussi d'un accent défectueux (nous visons, hélas !, les deux rôles principaux) au contact des scènes de France. Par son choix et sa composition cette troupe d'amateurs nous permet d'attendre beaucoup d'elle et mérite qu'on lui fasse confiance. Elle nous a déjà offert l'une des rares et des plus pures joies que nous ayons éprouvées au Théâtre Municipal de Tananarive.[12]

Après sa collaboration sur *Capricorne*, Rabearivelo se rapproche des milieux lettrés malgachophones, et est invité par Ny Avana à rejoindre l'équipe éditoriale de *Ny Fandrosoam-baovao* (*Le Nouveau progrès*). Avec ces intellectuels malgaches, il mène campagne en faveur d'une nouvelle littérature malgache qui soit enracinée dans la prosodie traditionnelle tout en restant ouverte aux influences occidentales. Dans le manifeste, *Hitady ny very* (« A la recherché des valeurs perdues »), publié en 1932, ses auteurs déplorent la singerie littéraire qui aurait suivi l'arrivée des Français :

---

[12] *Capricorne*, 6, mars 1931.

Il y a des décennies que les modèles et les règles venus de l'étranger ont été appliqués dans notre poésie. Nous les avons adoptés et suivis tout de suite sans discernement. Trop pressés de changer de coiffure, nous ne nous étions même pas demandé si les nouveaux modèles convenaient à la musique de notre langue, ou non, s'ils allaient lui faire du bien ou au contraire la détruire. Aussi, on a laissé, voire, oublié ce qui nous était propre. Dénigré, parce qu'ancien, déconsidéré parce que vieux. (OC2, p. 1285).

Selon ce manifeste, les importations étrangères ne seront pas rejetées, mais plutôt mises au service d'un renouveau domestique : « Nous allons nous en servir comme d'un fusil ». (OC2, p. 1287).

Rabearivelo dénonce donc l'« inanité » de tout clivage entre les langues, cette « Babel exempte de mésentente partout à l'assaut des cimes » (OC1, p. 483). Dans « L'attitude que nous devrions avoir par rapport à l'acquisition des connaissances », publié dans *Ny Fandrosaoam-baovao* du 22 juin 1932, il lance la question : « Est-il possible aux Malgaches de grimper à l'arbre de la soif de connaissances, d'en cueillir et d'en manger les fruits, puis de sélectionner ceux dont les graines sont plantées, pour qu'ils poussent dans cette terre qui est la nôtre ? ». La réponse serait « oui » : la langue française « devenue la nôtre » peut être utilisée pour « tirer le suc et se régaler de ce que l'Esprit humain sans frontières et de plus délicieux et de plus secret... Nous n'avons pas assez de mots pour vanter la beauté de cette langue... Pour simplifier, nous dirons que la langue française est une clef qui permet l'accès à tous les trésors ». Sans ce que Mistral a décrit comme « les manifestations du Saint Signe », « nous aurions été moins que rien, indigne même du nom d'homme ! » (OC2, p. 1300)

Inspiré par ce dialogue franco-malgache, Rabearivelo produira ses œuvres les plus distinctives et mémorables, *Presque-songes* et *Traduit de la Nuit*, tout en écrivant et traduisant en malgache. Ces deux recueils bilingues, trente poèmes chacun en vers libres, sont écrits entre le 22 juin 1931 et le 22 mai 1932. *Sari-Nofy/Presque-songes* est dédié « à tous mes amis, morts et vivants, fils d'Orient et d'Occident ». Comme le titre l'indique, les poèmes du recueil tendent à exprimer un chant à la lisière du monde matériel. Ainsi, dans « Lire », le poète appréhende « Forêt. Oiseau./Forêt secrète, oiseau caché/dans vos mains » (OC2, p. 513). « Fièvre des îles », le poète possède une vision que le démarque des autres : « Scelle fortement tes lèvres afin que n'en sorte/aucune des choses que tu vois,/mais que ne voient pas les autres » (p. 525). Dans une haute futaie, « Voici des sons perdus qui se retrouvent et se perdent de nouveau/comme des fleuves souterrains… tes branches broutés par tout un monde apocalyptique » (OC2, p. 555). Le poète gardera toujours « la saveur de ton silence et de ta clarté étranges » (OC2, p. 557). Dans « Ton œuvre », « les livres que tu écris/bruiront de choses irréelles/irréelles à force de trop être,/comme les songes » (OC2, p. 597). Dans « Soirs d'hiver », le passage entre jour et nuit devient un lieu privilégié pour son chant : « force la grotte où marche le vent/source du part de l'aurore » (OC2, p. 569). Il guette donc l'éclosion de cet oiseau immatériel… venu de l'océan » (OC2, p. 571).

Cette attirance vers les marges amène Rabearivelo à évoquer des victimes du sort. Les cactus sont des « lépreuses parées de fleurs », se nourrissant quand même du « sang de la terre, la sueur de la pierre et le sperme du vent » (OC2, p. 549). Le sort, ayant eu pitié de ces lépreuses, « leur a dit de planter des fleurs/et de garder des sources/loin des hommes cruels » (OC2, p. 551). Un zébu suscite le souvenir évanouissant de « ses aïeux… abattus en l'honneur du Roi ». Aujourd'hui, « il bondit, il mugit,/lui qui mourra sans gloire/puis se rendant en attendant/et apparaît comme une bosse de la terre » (OC2, p. 563). Dans des thrènes, Rabearivelo rend hommage également à une petite fille phtisique et à une jeune femme morte au bord d'une mer septentrionale. Dans « Lambe », il fait l'éloge du vêtement qui symbolise son peuple : « tu es le feuillage, tu es le parfum, tu es la pulpe du vieil arbre/qu'est ma race, ô lambe » (OC2, p. 579). Son nom rime bien avec jambes « dans cette langue que j'ai choisie/pour préserver mon nom de l'oubli,/dans cette langue qui parle à l'âme/alors que le nôtre murmure au cœur » (OC2, 579).

Il y a un va-et-vient constant entre l'ici et l'ailleurs, et la quête d'une unité au-delà des frontières et des langues. Dans « Imprimés », il fait l'éloge de tous les journaux « de partout engouffrés dans une sacoche tannée » (OC2, p. 559). Son désir d'errer jusqu'au bout du monde « s'évade avec vos regrets/des presses d'où vous êtes sortis… je vois que tout se ressemble/puisque le même ciel est toujours le toit du monde » (OC2, p. 561). Dans cette même veine, il exprime sa reconnaissance à Paul Gauguin » « Qui t'exila au bord de la mer lointaine/où mes pères s'étaient peut-être embarqués dans des boutres » (OC2, p. 583). Dans le rêve du voyage se trouvent nostalgie des origines et désir de découverte : « Je préfère fermer les yeux et contempler/le réveil de cette mer que je franchirai un jour » (OC2, p. 591).

Le passage cyclique entre jour et nuit forme le cœur du son recueil sœur, *Nadika tamin'ny alina/Traduit de la nuit*. Il s'agit d'une nuit aussi figurée que littérale, le livre étant dédié à trois écrivains français qui sont morts jeunes, Fagus, Marcel Ormoy et Robert-Jules Allain, « interrogateurs désormais d'une nuit qui ne peut se traduire que par l'étonnement et l'angoisse de notre douleur ». Dans ces trente poèmes, le mystère de la nuit est traduit sous des formes diverses : rat invisible, peau de vache noire tendue sur un tambour qui produit incantations et rêves, arbres sans racines, oiseaux muets, oiseau sans couleur et sans nom posé sur un arbre sans trône, petits poissons pris dans les rets, vache boiteuse, grosse araignée noire... Dans cet ailleurs nocturne le poète trouve « ruches secrètes, pollen stellaire/pour les prairies de la terre » (OC2, p. 641). Ce monde immatériel est le domaine du marginal, de « mon frère errant » (OC2, p. 643) et du « vitrier nègre ». Avec le passage entre jour et nuit, cet esclave, « robuste comme Atlas » souffre son supplice quotidien, son agonie de foudroyé, « mais tu n'éprouves plus de pitié pour lui/Et tu ne te souviens même plus qu'il recommence à souffrir/Chaque fois que chavire le soleil » (OC2, p. 657). Cela dit, cette nuit où « toutes les saisons sont abolies » (OC2, p. 649) permet de rêver d'un renversement de l'ordre diurne. Ainsi, en contemplant « ces élans de palmiers sans nombre… qui parviennent au toit du monde », le poète arrive à une vision qui frôle le millénarisme :

> Ils y ondulent, s'écrasent puis s'effeuillent,
> Mais ne reviennent pas parmi les vivants,
> Et s'entassent dans le désert des étoiles,
> Et deviennent des huttes innombrables
> Pour les mendiants sans litière,
> Pour les captifs vêtus de leur seule peau puant la poussière,
> Et pour tous les oiseaux sans nid
> Qui seront délivrés ensemble. (OC2, p. 647)

Les pâtres sont « là-bas », escaladant le ciel : « Il y a des herbes nouvelles sous leurs pas,/Il y a des fruits irréels autour d'eux/Et des sources cachées qu'ils cherchent » (OC2, p. 659). En évoquant une « reine sans visage », Rabearivelo évoque l'histoire récente de son pays et s'interroge sur une possible résurrection :

> Que nous fera la chute brusque
> De ce qui est notre royaume ?
> Comme ta tour, comme la mienne,
> Comme la perfide que foulent nos pieds,
> Cette joie dont pétillent nos yeux,
> Si elle doit bientôt s'éteindre,

Ne nous reviendra-t-elle pas autre et nouvelle ? (OC2, p. 675)

En contemplant les étoiles, ces « graines semées par laboureurs de l'azur » (OC2, p. 663), il imagine le dépassement du clivage entre christianisme et islam dans une mystique supérieure : « voilà que les Religions se rencontrent – et toi aussi, ô mienne, ô Poésie ! » (OC2, p. 639). Le recueil se termine sur un ton triomphal : la nuit est accueillie avec joie « Dans nos cités de vivants/Jusqu'aux plus humbles huttes/Répondant aux appels de feu/Jaillis des étoiles naissantes » (OC2, p. 683).

Cette vision cosmique pourrait bien se prêter à une interprétation militante : être du côté de la nuit, serait-ce prendre le côté des damnés de la terre ? Mais la vision exprimée par Rabearivelo est plutôt cyclique, voire fataliste. Les astres seront saccagés par le jour de « leurs aires aériennes » (OC2, p. 663). Tous les matins, les pêcheurs « rendent à la mer/ces poissons d'argent et de pourpre/qui se faufilent, insaisissables, à travers l'azur » (OC2, p. 667). Il reste l'appel constant de ce royaume d'ombre, de fumées et de fruits nocturnes. La mort hante l'auteur, qui rêve d'une réputation d'outre-tombe qui résisterait à la matière. Il y aura, un jour, un jeune poète pour l'assurer : « Il lèvera la tête/Et sera sûr que c'est dans l'azur,/Parmi les étoiles et les vents,/Que ton tombeau aura été érigé (OC2, p. 661).

Dans une certaine mesure, cette relation entre centre et périphérie est médiatisée par la traduction. Rabearivelo traduit en français ses contemporains malgaches pour des revues en France et ailleurs, tout en contribuant au développement de la littérature malgache par la traduction dans cette langue d'auteurs tels que Baudelaire, Rimbaud, Verlaine, Valéry, Whitman, et Rilke. En même temps, il rend en français divers textes traditionnels, dont les *hainteny*. Passeur de cultures, Rabearivelo fait connaître également au lecteur francophone des scènes de la vie malgache, ses populations, ses animaux et ses paysages, aussi bien que sa symbolique : femme comme corail, le nord symbolisant le bonheur, une porte toujours ouverte sur l'ouest, etc.

Rabearivelo s'engage également dans la pratique de ce qu'il appelle lui-même la « pseudo-traduction » : des recueils comme *Presque-songes* s'accompagnent d'une version malgache, comme si la dernière est l'originale, ce qui attirerait des lecteurs francophones *en mal d'exotisme*. En privé, il avoue à Robert Boudry que ceci n'est pas strictement le cas. D'autre part, les études génétiques de ces recueils, faites par Liliane Ramarosoa et Claire Riffard, indiquent un va-et-vient, une interférence réciproque, sur les plans lexicaux et prosodiques, entre versions française et malgache comme elles s'écrivent quasi-simultanément.

Dans ces recueils, Rabearivelo pratique une forme d'écriture spécifiquement bilingue, la rédaction quasi-simultanée du même poème dans les deux langues. L'analyse des quatre étapes successives révèle un travail constant pendant deux années. On constate des divergences lexicale et syntactique entre les deux langues, et des distorsions produites par la musicalité propre à chaque langue. Si la version française porte l'empreinte d'un univers littéraire plus spécifiquement européen, la version malgache est souvent chargée de références à un monde naturel proprement malgache et à des traditions culturelles autochtones.

Les études génétiques mettent en lumière une tendance vers l'usage de formes malgaches. Ainsi dans « Lire », de *Presque-songes*, la version française reproduit l'ordre syntactique malgache de verbe+complément+sujet : « Vont explorer une forêt les yeux, le cœur,/L'esprit, les songes… » (OC2, 515). Ailleurs, la traduction littérale de mots malgaches ajoute un exotisme poétique qui est absent dans l'autre langue, par exemple dans « Fièvre des îles », (OC2, 527), l'expression française choisie pour dire colonne vertébrale, « arbre qui soutient ton dos ». Rabearivelo tend à traduire les noms propres du malgache en français, ce qui a rendu la *back translation* en malgache particulièrement difficile. Pourtant, dans « Ronde pour mes enfants présents » (OC2, 5), il introduit le prénom de son fils, Solofo : « rejeton qui pousse à la souche d'un arbre », dont le sens est limpide en malgache mais mystérieux en français.

Il existe également des différences culturelles aussi bien que sémantiques à négocier : Rabearivelo utilise souvent le terme « femme-enfant », mais son sens en malgache varie selon le contexte : *ankizivavy* (femme esclave) ou *tovovahy* (jeune femme). Trouver une équivalence pour « azur » est un défi au poète : le mot est lourdement chargé de connotations poétiques que la culture malgache ne partage pas. Ainsi donc, Rabearivelo choisit de le traduire par *hany*, « le seul », l'unique refuge. Dans « Naissance du jour » (OC2, p. 537), on trouve des références à l'Est, mais en malgache l'Est symbolise la voie de communication avec le monde des ancêtres, alors qu'en français l'Est indique seulement l'endroit où se lève le soleil. Dans « Valiha » (OC2, p. 579), la version malgache est riche de mots pleins de connotations symboliques ou religieuses qui n'ont pas d'équivalents dans la version française : cornes de jeunes taureaux, conque, forêt, etc. Finalement, on y trouve des références mythologiques qui sont difficiles à traduire en français : ainsi, le géant Rapeto devient tout simplement « le géant ».

Quelquefois, l'exotisme change de côté au cours du même poème. Dans « *Gazety*/Imprimés » (OC2, p. 561), l'exotisme provient du français : tandis que Rabearivelo utilise le mot malgache ordinaire *tany* (terre) pour le paysage de l'île, en français il utilise un terme plus avenant :

« savanes ». Cependant, vers la fin du poème, le ciel devient « toit du monde », les journaux « feuilles peintes et volantes ». Dans « Lambe », le lecteur tombe sur un contraste flagrant entre le français et le malgache : le poète commence par jouer sur la rime entre « lambe » et « jambe », ce qui est, de toute évidence, impossible à reproduire en malgache. Par contre, dans le reste du poème, le poète se focalise sur l'association entre le *lamba* et le paysage et les codes sociaux de Madagascar. Dans d'autres poèmes encore, au cours de la réécriture, un nouveau symbole émerge dans les deux versions : ainsi, *kintana mena iray* (une étoile rouge) est ré-écrit en français comme « une étoile pourpre », devenant *jaky*, symbole de la royauté, dans les deux versions finales. Moradewun Adejunmobi insiste à juste titre sur le fait que chez Rabearivelo, les mots malgaches, tels que *lamba* or *solofo*, sont utilisés avec extrême modération : il n'y ni indigénisation ni relexification militante de la langue, pas de « dynamitage » du français comme celui pratiqué par l'écrivain anticolonial algérien Katib Yacine. Cela dit, des traducteurs malgaches ont remarqué combien même les poèmes rédigés exclusivement en français sont « dans la facture malgache »[13].

Mais il est significatif que les versions malgaches de *Presque-Songes* et de *Traduit de la Nuit* ne soient publiées que des décennies après la mort du poète, indiquant ainsi le rapport de forces inégal, dans le champ littéraire comme ailleurs, entre langues et cultures françaises et malgaches dans un contexte colonial et post-colonial. Un recueil de ses poèmes malgaches publiés paraitra en 1957, avant d'être réédité par le gouvernement révolutionnaire de l'époque en 1988. Ses poèmes inédits en malgache devront attendre la publication de ses *Œuvres complètes* en 2012. Malgré

---

[13] Je remercie Serge Rodin de ses conseils sur la traduction de la poésie de Rabearivelo.

l'influence voyante de la « facture malgache », on peut en conclure que Rabearivelo avait choisi résolument un chemin francophone dans son œuvre. En ceci, Rabearivelo contrasterait avec son contemporain et ami, Ny Avana, vétéran irréductible de la VVS, qui se résout à écrire exclusivement dans sa langue maternelle. Certes, déjà en 1934, grâce à cette renaissance littéraire, les auteurs du manifeste se permettront de proclamer que « les valeurs perdues ont été retrouvées » (OC2, p. 1302). Cependant, les années suivantes voient Rabearivelo s'éloigner de ces partisans d'un renouveau spécifiquement malgache – effectivement, en 1934, le bilan positif de leur recherche collective semble se confiner à la prosodie. Si un nationalisme tente Rabearivelo, c'est plutôt le nationalisme intégral de Charles Maurras et L'Action française.

Rabearivelo et Maurras

La préface de *L'Aube rouge* est datée « de l'an du Grand Roi ». Rabearivelo est hanté par la chute de la dynastie hova et la perte de son propre statut aristocratique. Sur le plan politique, Rabearivelo n'est pas attiré par le communisme mais plutôt par les idées de Charles Maurras et de l'Action française : anti-républicain, anti-parlementaire, anti-sémite et, surtout, monarchiste. Les pages de son journal intime *Les Calepins bleus* datant d'avant 1933 furent détruites par leur auteur, mais un poème de *Volumes*, « Au soleil estival », est dédié à Charles Maurras, indiquant une adhésion précoce au mouvement royaliste d'extrême droite. Ce poème exprime la thématique classiquement maurrassienne de la grandeur royale perdue :

> Insensible à l'averse et tout à sa pensée,
> Etreignant du regard sa jeune fiancée,
> L'enfant de nos amours latentes attendra
>
> Que d'Imanga, colline anciennement royale,
> Vienne nous entourer l'âme immémoriale
> De l'orgueil de l'Emyrne et du passé des Rois. (OC2, p. 281)

C'est également en 1928 que Rabearivelo prétend avoir été provoqué par « un jeune lettré indigène » qui aurait mis en doute son statut d'aristocrate.

Ceci dit, l'appel co-signé par Rabearivelo à un retour aux valeurs et aux traditions culturelles perdues pourrait être facilement interprété comme une expression du nationalisme malgache. Il n'est donc pas étonnant que, bientôt après la publication du manifeste, Nancy Cunard, alors proche des communistes, invite Rabearivelo à contribuer un texte sur Madagascar pour l'anthologie *Negro*, parue en 1934. Ce texte, « Coup d'œil sur le passé de Madagascar », traduit en anglais par Samuel Beckett et côtoyant un article polémique des communistes Georges Citerne et Francis Jourdain sur « l'impérialisme français à l'œuvre à Madagascar », raconte « le crépuscule mouvementé et tragique que celui de l'Imerina » (OC2, p. 1626) et arrive à une conclusion qui ressemble à celle de *L'Aube rouge* : « Le royaume hova avait vécu, après avoir eu 25 souverains. Cela avait coûté plusieurs milliers à la France. Mais c'est son affaire. Nous, nous savons que nous avons eu plusieurs milliers de victimes civiles. Nos vieux et nos vieilles en parlent – surtout du sage Rainandriamampandry – les yeux embués » (OC2, p. 1626).

Pourtant, il est évident que la position de Rabearivelo sur la colonisation n'est pas aussi radicale que celle d'autres contributeurs à cette anthologie. Dans une lettre à Nancy Cunard sur le présent et l'avenir de Madagascar, datée du 29 septembre 1932, il écrit :

> Les dés sont jetés, ma chère amie ; les faits sont accomplis : il y aura bientôt 40 ans que, le sort des armes nous ayant été adverses, Madagascar fait partie de la France. Mais qui s'en plaint ? Ce ne sont pas les vieux : ils comparent les deux régimes et préfèrent le nouveau. Ce ne sont pas non plus les jeunes qui doivent tout à leur seconde patrie. (OC2, p. 1638)

Rabearivelo contraste donc Madagascar avec d'autres pays affligés par le racisme :

> On ignore ici, par exemple, et le lynchage qui décime les Aframéricains et l'ostracisme outrageant dont pâtissent les Nègres de l'Union Sud-Africaine. Il y a bien une poignée de mécontents qui prétendent le contraire, mais ils ne tirent prétexte que de quelques petites misères inhérentes à la vie même. Comme si le monde avait cessé d'être le monde et qu'il n'y eût plus que des hommes parfaits. (OC2, p. 1636)

Maintenant, les jours difficiles de la pacification seraient loin derrière les Malgaches. Rabearivelo passe donc sous silence les pouvoirs dictatoriaux de l'administration, le refus aux indigènes du droit de vote et le recours fréquent au travail forcé, notamment par le biais du Service de la Main d'Œuvre des Travaux d'Intérêt Général (SMOTIG), des aspects de la domination coloniale qui, comme Jean Fremigacci le démontre, sont bel et bien une continuation de l'Ancien régime[14]. Au contraire, le poète exprime ses craintes que le « poison » de la politique ne vienne perturber l'harmonie entre colonisateur et colonisé. Si ces craintes se réalisaient, conclut-il, « je me ferais naturaliser français... Dans cette langue qui n'est pas mienne... j'aurais alors l'occasion de vous dire, devant tous nos amis de couleur, de vive voix, mais non sans amertume, que la France a été trompée par ses élèves, et Madagascar perdu par l'aveugle ambition de quelques-uns de ses enfants » (OC2, p. 1637). Chose peu surprenante, Cunard n'inclura pas cette mise au point dans *Negro*.

Dans Madagascar même, on se trompe moins sur les vraies couleurs politiques de Rabearivelo. En février 1932, *L'Aurore malgache*, un journal anticolonial fondé par le communiste Paul Dussac, mène une enquête sur l'enlèvement d'enfants dans les campagnes malgaches et l'inaction, voire la complicité, des autorités. L'auteur implique sournoisement Rabearivelo dans cette affaire sordide, suggérant qu'il aurait servi à l'étouffer : « Jean-Joseph Rabearivelo, journaliste, écrivain et poète de grande réputation, correspondant de quelques journaux français de répression des indigènes, c'est certainement un as !... Mais un as à la remorque de la grosse colonisation, c'est-à-dire participant à une œuvre contraire à l'émancipation de son

---

[14] Jean Fremigacci ; *Etat, économie et société coloniale à Madagascar (Fin XIXe siècle-1940)*, Paris, Karthala, 2014.

pays. Il prête le concours de son talent à l'esclavagisme »[15]. Une telle remarque pique l'orgueil patriotique de Rabearivelo. Dans un fragment inédit de son journal intime, il écrit : « Moi, participer à l'émancipation de mon pays et prêter le concours de mon talent à l'esclavagisme ? Voici pourtant 12 ans que je sacrifie tout pour faire connaître Madagascar dans ce qu'il a de noble et de beau »[16].

On peut donc décrire Rabearivelo comme un patriote malgache qui s'oppose aux mouvements communiste et séparatiste qui commencent à surgir à travers la Colonie. Dans *Les Calepins bleus*, il note que si le communisme a de bonnes intentions, son parti devrait cesser « toute propagande et rappele[r] tous ses lieutenants » (OC1, p. 205). En fait, le journal de Rabearivelo exprime avec virulence son anticommunisme et ses affinités avec l'extrême droite. En septembre 1933, il raconte avoir assisté à une kermesse organisée par *Le Colonial et Malagasy*, dont il est rédacteur de la rubrique littéraire :

> On m'a donné un brassard tricolore vers 10h, puis l'on m'a aussitôt commis au contrôle. Quelle mine piteuse et embarrassée ! Un royaliste convaincu se voir obligé, pour faire plaisir à quelques vrais amis, de porter ostensiblement l'emblème républicain ! On m'aurait ainsi photographié, et envoyé une épreuve à l'Action française... ça m'aurait bien embêté. (OC1, p. 199)

En janvier 1934, un échange épistolaire dans Le *Colonial et Malagasy* et *Le Madécasse*, journal dirigé par le royaliste Gaëtan Brugaët, à propos du maurrassisme de Rabearivelo, amène le poète à expliciter son adhésion aux idées de l'Action francaise :

---

[15] *L'Aurore malgache*, 5 février 1932.
[16] Fonds Rabearivelo, 11 février 1932.

> A moi qui ai donné mon adhésion à Maurras et à Daudet – la main dans celle du poète (Jean) Lebrau – au nom de l'Esprit (qui ignore ou dédaigne la Lettre) et du Sang (qui se moque de la Couleur). Une adhésion *morale*, en somme. Purement morale. Mais n'est-elle pas en de certaines circonstances, plus forte, plus agissante et plus précieuse que la… rogue des chiens de garde ? que le prosélytisme ? Tout cela qui, tout compte fait, n'est qu'un hommage inconsciemment rendu à la démocratie ? Fi de tout cela ! Une nation forte ne l'est que par ses *aristos* et jamais par son *demos*. L'Esprit, le Sang. Rien qu'eux. Mais seulement quand l'un et l'autre se valent. (OC1, pp. 344-345)

Force est de constater qu'à cette époque Rabearivelo n'est pas le seul « colonisé » à partager cet aristocratisme maurrassien. En Haïti, Gérard de Catalogne, originaire du nord monarchiste du pays, prônera le nationalisme intégral dans ses journaux[17]. En Algérie, également sous l'influence de Maurras, Ferhat Abbas fondera l'Action algérienne[18].

Comme la France tente de faire face aux retombées politiques des émeutes parisiennes du 6 février 1934, qui voient l'extrême droite menacer réellement la Troisième République, l'île lointaine est touchée par ce bouleversement. Le 8 février, le Gouverneur général Léon Cayla envoie un message à tous les chefs de région afin d'assurer l'ordre :

> Vous prie de mettre en garde population contre exagération nouvelles diffusées et colportées dans Colonie au sujet des incidents d'ordre politique qui se déroulent en France (Stop) Les chefs district devront s'abstenir en publie de tout commentaire qui aurait pour résultat de donner aux

---

[17] Voir Chelsea Stieber, « Gérard de Catalogne, passeur transatlantique du maurrassisme entre Haiti et la France », in Olivier Dard (dir.), *Doctrinaires, vulgarisateurs et passeurs des droites radicales au XXe siècle (Europe-Amériques)*, Berne, Peter Lang, 2012, pp. 233-254.
[18] Voir Thérèse Charles-Vallin, « Nationalisme maurrassien et nationalisme algérien », *Etudes maurrassiennes*, 3, 1974.

> événements actuels une importance exagérée et un caractère inexact mais il appartient aux fonctionnaires d'autorité d'assurer les esprits en toute occasion et maintenir confiance inébranlable en nos institutions.[19]

Ce jour-là, *Le Madécasse*, journal dirigé par Brugaët et duquel Rabearivelo est critique littéraire, on annonce de façon à peine républicaine : « Le ministre Daladier en cédant à la pression de l'opinion démissionne »[20]. Quant à Rabearivelo, il choisit ce moment pour réaffirmer son credo : « Assurée par le sang ou par l'effort, la royauté est toujours une chose éminemment respectable et immuablement grande à travers le monde. Tout comme l'intelligence » (OC1, p. 482). Néanmoins, les affinités du poète avec le violemment « anti-Boche » Maurras l'amène à se faire une image bien moins favorable d'Adolf Hitler, quand le *Führer* reprend le Saar début 1935 :

> Or, je suis de ceux qui appellent de tous leurs vœux une guerre – avec ou sans merci, mais une guerre qui remettrait de l'ordre dans le monde affamé. Il est vrai qu'on ne sait jamais rien avec l'Allemagne. Et moins encore avec ce Juif antisémite d'Hitler qui lui chie dans la gueule et lui infuse, à la place du sang, du pipi au cœur. (OC1, p. 739)

Une autre influence maurrassienne sur Rabearivelo est le poète provençal Frédéric Mistral. Mistral avait joué un rôle clé dans le mouvement *félibrige*, qui s'est fait le champion de la culture et de la langue locales, et est donc considéré par Maurras, lui-même méridional, comme un contre-poids au centralisme jacobin et à la soi-disant décadence culturelle de Paris. En 1935, Rabearivelo reçoit une visite de la rédaction de *La Revue des Jeunes de Madagascar*, qui compte dans son nombre Jacques

---

[19] ANOM : D/6(2)/38.
[20] *Le Madécasse*, 8 février 1934.

Rabemananjara, poète et futur dirigeant de la lutte anticoloniale, et d'autres anciens élèves des jésuites. Cet « organe mensuel d'intellectualisme » prend comme devise paradoxale : « Devenir de plus en plus français tout en restant de plus en plus malgache ». En septembre 1935, son premier numéro déclare :

> La jeunesse de Madagascar d'aujourd'hui qui traverse, elle, l'âge doublement critique de l'évolution et du malheureux contre-coup de la grande guerre, la crise, est à ce point pitoyable que, comme adonnée toute au lucre et au matériel, elle a bien mérité les critiques de plus d'un journaliste aigu, lancées du groupe même de ses compatriotes. (...) *La Revue des jeunes* n'a pas seulement pour but d'instruire et d'éduquer : mais aussi, ce faisant, elle tendra à faire ressortir la personnalité de la nation malgache aux yeux des autres nations, non plus seulement par ses denrées agricoles, minières et industrielles, mais surtout par sa valeur intrinsèque, sa somme de ses puissances morale et intellectuelle.[21]

Régis Rajemisa-Raoelison y fait l'éloge de *Traduit de la nuit*, œuvre d'un maître malgache : « Le recueil traduit les diverses faces et phases de la nuit qui tourmentent un esprit quasi-primitif, presque païen, tourné non pas vers un terme final empreint de tristesse ou de la vanité des choses, mais vers un art figé dans une émotion contenue et vidée à la fois, menacée et pacifiée ». Bien que fortement influencé par Leconte de Lisle et Lamartine, « resterait toujours dans l'esprit cette constellation brillante qui, comme une ardente et immense flambée, monte de l'indéfini blanchâtre des rizières. Ô brûlante nuit de l'Imerina ! »[22].

Dans une longue interview pour le numéro suivant, le maître Rabearivelo – qui vient d'atteindre la trentaine – leur

---

[21] *La Revue des Jeunes de Madagascar*, 1 (1935), p. 1.
[22] *Ibid.*, p. 29.

félicite de cette « belle initiative. Elle est hardie : elle est louable »[23]. En fait, leurs esprits se rencontrent :

> Toute ma vie littéraire, je l'ai vouée et la consacre encore à ce but unique, seul méritoire à mes yeux : faire ressortir la personnalité de la race, revendiquer l'originalité de sa nation, tout en reconnaissant leurs valeurs éminentes aux ordres des choses établis. Du reste, agir ainsi ne dénote aucunement un esprit frondeur ni séditieux. Le mouvement que nous tentons contribuera pour sa modeste part, on peut l'espérer, à la gloire intellectuelle et sociale de la France.

L'harmonie de la Mère-Patrie ressortirait de sa diversité même :

> La personnalité du Breton ne se confond pas avec celle du Marseillais ; l'âme du Lillois diffère de celle de l'Auvergnat ; la langue de Paris ne ressemble guère au patois du Languedoc… Tenez, puisque nous en sommes à cette dernière province, un mouvement dont peut s'inspirer le nôtre, c'est celui qu'a inauguré l'auteur de *Mireille*, le poète provençal Mistral qui fut salué avec enthousiasme par Lamartine.

Ils pourraient donc se réclamer des félibres : « Le félibrige, en effet, part d'une idée pareille à la nôtre : les poètes provençaux et provinciaux s'animent de ce sentiment que la portion de terre où la Providence a voulu les placer dans l'ordre de l'existence et de la nature, doit ajouter un éclat nouveau, singulier, à la gloire du Tout national par l'apport de ses richesses profondes, unes et uniques »[24].

Interrogé sur la « francisation intégrale » revendiquée par beaucoup d'intellectuels malgaches, y compris les communistes, Rabearivelo répond : « Je ne m'y oppose

---

[23] *La Revue des Jeunes de Madagascar*, 2 (1935), p. 25.
[24] *Ibid.*, p. 26.

pas... Seulement, je trouve tout cela un peu ridicule, pour la bonne raison qu'à mon humble avis tout cela paraît pratiquement impossible, absurde... »[25]. Ce rejet du rêve assimilationniste s'accompagne de celui du séparatisme : « Nous ne pouvons concevoir un nationalisme malgache dans un pays dont le statut légal ne comporte qu'une seule nationalité, la nationalité française ». Rabearivelo se termine sur l'importance du translinguisme. Il est en train de s'apprendre l'espagnol et déclare à ses jeunes disciples : « Pour être poète, il faut au moins posséder deux langues »[26]. A la fin de ce texte, Rabemananjara en vient à conclure que Madagascar doit se faire connaître par la voix et l'œuvre de ses enfants, « comme la Bretagne par le poème d'un Bizeux et la Provence par les chants d'un Mistral ou d'un Roumanille »[27]. Maître et disciples semblent donc se contenter d'un statut « provincial » dans la « plus grande France ».

En plus de Frédéric Mistral, une autre référence maurrassienne pour Rabearivelo est l'historien et académicien Jean Bainville, qui joue un rôle clé dans l'évolution idéologique de l'Action française. L'annonce de sa mort début 1936, lorsque le Front populaire s'approche de la victoire électorale, arrache à Rabearivelo une réaffirmation angoissée de sa foi :

> Ainsi la France se dépeuple de ses plus pures gloires ; ainsi l'Intelligence, déjà bien « rare » comme herbes sur roche, dépérit, est décimée. Les rangs, comme on dit, des élus, se... Personnellement, j'ai ressenti et ressens encore ce deuil atroce parce que je suis Maurrassien et me sais et m'aime à dire un sujet du Roi exilé. Et parce que le défunt compta précisément parmi les piliers de notre parti. (OC1, p. 1001)

---

[25] *Ibid.*, p. 29.
[26] *Ibid.*, p. 32.
[27] *Ibid.*, p. 31.

En effet, depuis les années 20, Rabearivelo correspond régulièrement avec des luminaires de l'Action francaise, notamment le romancier Pierre Benoît et le poète marquis Xavier Magallon d'Argens, tout en fréquentant une coterie de royalistes dans la colonie elle-même. Chose inéluctable, ce jeune *lettré indigène* finira par figurer brièvement dans les pages de « l'organe du nationalisme intégral ».

Certes, jusqu'alors, l'Empire français avait occupé une place marginale dans les idées de Charles Maurras et de ses disciples : leur obsession centrale est les défauts et les crimes de la république et de la révolution, les activités néfastes de juifs, communistes, francs-maçons et d'autres manifestations de « l'anti-France ». S'il existe une obsession en matière de politique étrangère, c'est la menace allemande : l'ouvrage de géopolitique le plus important par Maurras s'intitule *Kiel-Tanger*. Cependant, au milieu des années 30, *Action française* commence à s'intéresser davantage à la situation dans les colonies et, en juin 1935, crée « La Lettre de France à nos amis d'outre-mer ». Ce supplément hebdomadaire, dont la manchette juxtapose la cathédrale de Notre-Dame et un rivage tropical, paraît « pour que les grandes provinces de notre Empire se sentent chaque jour mieux compromise et entendues par l'esprit et la volonté de tous »[28]. Cette « Lettre de France » fait l'éloge d'exploits d'hommes d'action comme Lyautey et Gallieni, rejette la démocratie et, comme l'allusion aux « provinces » le suggère, préfère l'association à l'assimilation des colonisés. Pour ces raisons, *Action française* se fait le champion du « génie de la décentralisation » qui ferait la grandeur de l'Empire britannique. Pour Jean Paillard, cet empire est « la plus extraordinaire réussite coloniale que le monde ait jamais connue ». Le secret du succès britannique réside dans le fait que, « instigatrice des idées révolutionnaires, elle eut cependant la bonne fortune de ne

---

[28] *Action française*, 17 juin 1935.

point les subir ». Quant à la France républicaine, « toutes ces possessions tendent – souvent d'ailleurs contre le gré des autochtones – vers l'assimilation politique, administrative et douanière avec la métropole ». Selon Paillard, il n'y a qu'un seul avenir possible pour les colonies : « Les démocrates, pour lesquels la cohésion politique ne peut ressortir que de l'uniformisation systématique, ne pourraient jamais comprendre l'exemple de l'Empire britannique. Mais il est mourant avant lui »[29].

Action française insiste sur les racines royales de l'expansion coloniale de la France et son approche quasi-britannique de la représentation politique : « avec sagesse elle légua ses pouvoirs autant que pouvait se faire, à des Conseils souverains destines à jouer un rôle analogue à celui de nos anciens parlements… C'était le triomphe de la décentralisation »[30]. En juin 1936, comme la victoire du Front populaire soulève de grands espoirs de réformes radicales dans les colonies, Jean Paillard s'acharne sur la démocratie : « Comment ce régime, qui ne repose que sur la division des Français, sur les luttes de classes, sur l'antagonisme des intérêts, pourrait-il réussir ce chef d'œuvre ? ' L'auteur contraste cette anarchie républicaine avec l'exemple des Antilles française qui, « grâce à la Monarchie française, jouissaient d'un développement social exceptionnel »[31].

Quant à Madagascar, il s'agirait d'« une colonie de première classe ». Dans leurs « promenades » de 1935, les « frères » Marius Ary Leblond (deux cousins métis originaires de La Réunion) observent « l'harmonie qui se réalise là avec une beauté suprême, de la somptuosité de la Nature en cette Australie africaine et de la majesté de l'Histoire de France ». Les Leblond insistent donc sur la

---

[29] *Action française*, 22 février 1937.
[30] *Action française*, 9 août 1937.
[31] *Action française*, 14 septembre 1936.

longévité des liens unissant la France à la Grande Île, qui remontent au-delà de 1789 : « de Flacourt à Gallieni et Lyautey s'évoquent trois siècles d'intrépidité, d'épreuves, d'expérience, de persévérance, au sein de cette île dauphine que Richelieu et Colbert ont vouée à notre patrie avec la divination non seulement de ses richesses, mais de la grandeur exemplaire de la mission que nous avons à y accomplir ». Les Leblond expriment également leur respect de la royauté vaincue de Madagascar : « Le Hova est intelligent, souple, ingénieux, avide d'instruction vaniteuse et de degrés de noblesse qu'il appelle des honneurs : les autres peuples, négroïdes, le craignent et détestent »[32].

Le 6 avril 1936, le plus grand fils littéraire des Hova et membre de l'Action française apparaît pour la première fois dans le journal de Maurras. C'est à l'occasion de la représentation de la pièce malgache de Rabearivelo, *Imaitsoanala* (*La Fille d'Oiseau*), sur un théâtre de verdure à Tananarive devant 4 000 spectateurs, dont le Gouverneur général Léon Cayla lui-même. Cette œuvre indigène, créée pour marquer la journée Lyautey et l'inauguration du nouveau Hôtel de Ville, est « une manière d'apostolat, dévoué à la mission passionnante de révéler aux profanes le vieil art lyrique malgache »[33]. Montée et adaptée par un Charles Dullin (metteur en scène notoirement antisémite), *Imaitsoanala* saurait conquérir le public parisien. En novembre 1936, *Action française* porte un article à l'éloge de la poésie de Rabearivelo, célébrant ses affinités avec une victime célèbre de la Terreur de l'An II : « leur forme très pure, très harmonieuse, très classique, qui s'apporte étroitement à celle de cet André Chénier ». Ces vers exprimeraient une véritable association des cultures française et malgache :

---

[32] *Action française*, 16 décembre 1935.
[33] *Action française*, 6 avril 1936.

> Pour nous, Français de la Métropole, c'est particulièrement émouvant que ce fils de l'Emyrne soit français de cœur et d'esprit, au point d'avoir fait sienne notre culture et de choisir notre langue pour exprimer son attachement à la patrie de ses ancêtres, à ses beautés, à ses traditions. Cette parfaite pénétration des cœurs et des esprits est le but suprême de la colonisation française. Les élites indigènes de la qualité de Jean Joseph Rabearivelo sont sa plus grande joie, sa plus légitime fierté. [34]

Les deux poèmes choisis, « Regrets d'Iarive » et « Autres regrets », par leurs titres mêmes, expriment un sentiment de perte et de déchéance à une époque où le Front populaire menace l'ordre ancien, la guerre civile fait rage en Espagne, et Charles Maurras lui-même est en prison pour incitation au meurtre. Dans un tel contexte, ces vers franco-malgaches articulent une mélancolie post-révolutionnaire.

A Madagascar, la victoire du Front populaire soulève des espoirs et sème le désarroi. Les propositions de réforme pour la colonie, dont un léger élargissement du corps électoral et l'abolition du travail forcé, sont modestes, mais assez radicales pour provoquer la colère des colons et de leurs alliés indigènes. Sous la forme de l'Union franco-malgache et d'associations d'anciens combattants, les opposants s'organisent pour contrer le Front populaire et les communistes et nationalistes groupés autour de Paul Dussac et de ses journaux, *La Nation malgache* et *Le Prolétariat malgache*. Les actes d'arborer le drapeau rouge et de chanter l'*Internationale* servent de prétexte pour des bagarres de rue et l'intervention musclée des autorités. Brugaët lance un journal éphémère, *La Sous-France*, qui fustige « les vampires du Front populaire » et « le juif multimillionaire Léon Blum »[35]. Ces propos violents à l'égard du nouveau gouvernement attirent l'attention des

---

[34] *Action française*, 2 novembre 1936.
[35] *La Sous-France*, 9 décembre 1936.

autorités, mais c'est surtout la gauche et les nationalistes malgaches qui se trouvent dans le collimateur de la Sûreté générale.

Des rapports d'indicateurs démontrent une sympathie considérable pour le Front populaire chez les indigènes. Ainsi, le 22 juillet 1936, on rapporte que lors d'une réunion à l'Excelsior, Tananarive, certains prétendent que le programme du Front Populaire est merveilleux et que s'il était intégralement appliqué à Madagascar les Malgaches en seraient très heureux : « Beaucoup, en effet, aspirent à la naturalisation de tout le monde désire l'abolition du Code de l'Indigénat. D'autres se montrent pessimistes car maintes fois on a promis aux indigènes des améliorations de leurs statuts. Les indigènes évolués applaudissent beaucoup les gestes du Front Populaire ».

Le 25 juillet 1936, un indicateur donne cette appréciation très hostile de la SFIO et de *La Nation Malgache* :

> Une grande victoire pour eux et pour tous les partis, c'est l'inexistence de la censure à la presse. Aussi, tous les journaux se soutiennent malgré aux puisque les *gazety* malgaches, muselés autrefois, relèvent aussi des abus et réveillent l'esprit malgache endormi. En effet, tous les membres indigènes du SFIO et aussi de la Nation Malgache, sont pour la majorité (sinon tous) des mécontents de l'Administration, ce sont, pour la plupart, des employés licenciés des services publics ou privé des ambitieux qui ne cherchent qu'à améliorer leur situation, des chômeurs ou des ratés de la vie, des gens qui échouent dans tout ce qu'ils font ou qui perdent des procès devant les Tribunaux etc… aussi ils n'ont en eux qu'un esprit de vengeance, de haine contre l'Administration et ils se trouvent réunis ensemble ce qui ferait leur force. Cette haine longtemps couvée n'attend plus qu'une bonne occasion pour éclore et pour vomir son mal.

Le 5 août 1936, on rapporte que depuis l'arrivée de Dussac à Tananarive, « le nombre d'adhésions au parti communiste et au Secours Rouge International aurait augmenté beaucoup, et atteindrait 1.700 adhérents... On chercherait un local pour le bureau du parti ». Le matin du 19 août 1936, Dussac, accompagné de quelques-uns de ses amis, « a fait une conférence de propagande communiste en plein air à Itaosy, gouvernement de Fenoarivo, district de Tananarive-Banlieue. Un millier environ d'indigènes étaient présents à cette conférence. Un drapeau rouge a été arboré ». Le 30 août, Dussac et ses camarades font une conférence à Ambohimanga ; 2.500 indigènes environ y assistent. Selon l'indicateur, « une estrade ornée de verdures et avec arc ont été élevés sur l'emplacement. Une équipe de musiciens y jouaient à partir de 13 heures. Ces musiciens sont allés au-devant de Dussac à son arrivée à 14 heures. Quelques indigènes ont dansé ». Le Chef du district est présent à cette réunion qui est présidée par Jonson Rajaona. Celui-ci dit : « Je vous salue au nom du parti communiste. Pendant 41 ans, le peuple malgache a vécu sous le règne d'un gouvernement fasciste, qui l'a maintenu en esclavage. Ce gouvernement est tombé maintenant et celui du Front Populaire, très puissant à Madagascar, le remplace ». A son tour, Dussac déclare que le vaccin antipesteux ne doit pas être obligatoire – il donnerait la mort et la paralysie aux Malgaches – et dénonce le monopole du tabac dont jouissent les colons. Grâce à la victoire électorale, les communistes espèrent obtenir l'amnistie en faveur des militants Ralaimongo et Razafindrakoto Emanuel. A la fin de la réunion, l'audience crie : « Vive le Front Populaire, Vive Dussac, vive Ralaimongo, vive le peuple malgache ! »[36].

Confecter et arborer le drapeau rouge deviennent une question importante pour les autorités. Dans un télégramme du 10 juillet 1936, le Chef de District du Port-Bergé fait part de ses inquiétudes au Gouverneur général :

---

[36] ANOM : D/6(2)/38.

> Par renseignements obtenus Dussac a intention pavoiser son habitation le 14 juillet avec drapeaux rouges comportant signes des Soviets. Suis-je en droit de l'en empêcher mais suis décidé à empêcher toute manifestation communiste sur la voie publique laquelle constituerait à mon sens une provocation à l'égard administration et colonisation.[37]

Le 4 septembre 1936 le chef de la Commission divisionnaire des brigades mobiles écrit ainsi à l'Administrateur Supérieur de la Région de Diego-Suarez :

> Je voudrais savoir si l'apparition de drapeaux rouges portés dans les rues ou exhibés aux fenêtres, ou portes des immeubles trouble l'ordre public… Le chant de l'*Internationale* trouble-t-il à la Colonie l'ordre public ? Ou est-il autorisé partiellement en passant sous silence le couplet « sur les généraux » ?[38]

Dans Tananarive même, le 15 septembre 1936, l'Administrateur supérieur de la ville écrit à Cayla : « Il est indispensable de mettre fin aux manifestations organisées dans la région de Tananarive par les groupes Dussac et Pruvost. Celles-ci constituent pour les populations rurales un spectacle déconcertant, et elles deviennent maintenant un danger public »[39]. L'Union franco-malgache mène campagne pour arrêter « l'infâme propagande anti-française » de certains agitateurs et s'oppose par force à « tout autre drapeau que tricolore ». Les agissements de cette Union sont approuvés par la plupart de la presse. Dans *La Dépêche de Madagascar*, Urbain-Faurec soutient que « symbole sacré du travail, le drapeau rouge représente encore pour trop de gens *à la colonie* le témoignage de

---

[37] Archives Nationales de la République de Madagascar, Antananarivo (ANRM) : D163.
[38] *Ibid.*
[39] *Ibid.*

l'insurrection »[40]. *Le Madécasse* se félicite de l'intervention des autorités sur la question des drapeaux : « Dans son dernier manifeste l'Union Franco-Malgache déclarait que le premier but qu'elle se proposait d'attendre était la cessation de toute activité politique publique dans la Colonie. C'est aujourd'hui fait acquis. Désormais toute réunion publique est interdire. La néfaste propagande de Dussac et consorts est interdite »[41].

Cela dit, la Sûreté rapporte que le 5 novembre 1936, une case à Amboavahy accueille une réunion communiste de 300 personnes. Le 11 novembre 1936, à Antsirabe, lors d'un affrontement, un drapeau rouge est arraché à une véranda. Face à de tels incidents, le gouverneur général par intérim, Léance Joré, écrit à Marius Moutet, ministre des Colonies :

> Le drapeau rouge revêt dans la Colonie une signification toute particulière. Les indigènes le considèrent incontestablement comme l'emblème de l'opposition à la souveraineté française et pour cette raison les Européens, sans distinction d'opinion (à l'exception de quelques extrémistes), réprouvent son exhibition sur la voie publique. Un assez grand nombre d'entre eux est même résolu à user au besoin de la violence pour en empêcher l'emploi. (…) Il serait préférable qu'un décret intervienne pour interdire à Madagascar le déploiement sur la voie publique ou en tous lieux visibles de ces voies de tous drapeaux, bannière ou emblèmes quelconques autres que le drapeau national.[42]

Ce décret sur les drapeaux est promulgué. Mais le 3 mars 1937, cela n'empêche pas Paul Ranaivo, communiste de Tananarive, de donner une conférence à Fianarantsoa. Le 6 mars 1937, une note des renseignements met en évidence chez les adhérents d'un parti autonomiste malgache « un

---

[40] *La Dépêche de Madagascar*, 16 septembre 1936.
[41] *Le Madécasse*, 16 septembre 1936.
[42] ANRM : D163.

état d'esprit dangereux dont l'exaltation va croissante et une volonté de lutte contre la tutelle française qui ne craint plus préconiser le recours aux moyens violents, sans souci de ce que pourra bien en penser l'Autorité locale »[43].
La question des drapeaux ne laisse pas indifférent Rabearivelo. Selon *Les Calepins bleus*, malgré son attachement viscéral à la fleur de lys royale, le poète choisit le tricolore contre la menace rouge :

> Pour aujourd'hui, cette navrante constatation : la politique est introduite à Madagascar depuis juillet. Que sera demain, maintenant ? Le sang ne va-t-il pas bientôt tacher nos pavés ? Moi, en bon Action Française, je ferai mon devoir – à droite – pour défendre, hélas !, le pavillon de la Gueuse qui, présentement, représente la France. Contre les Métèques. (OC1, p. 1035)

Rabearivelo s'associe publiquement à L'Union franco-malgache, signant un article court en malgache pour le premier numéro de son journal. Cette opposition publique au Front populaire vaut des menaces à Rabearivelo et à son ami Victor Malvoisin :

> Nous étions tous deux, depuis près de deux mois, menacés de mort par les séides du Front Populaire local. Nous l'étions, ce jour-là, plus que jamais... Surtout que notre conférence à Excelsior – où devait se rendre, pour nous contredire, toute une meute – le Gouvernement Général l'avait interdite. Comme, d'ailleurs, dorénavant, toute réunion publique. Or, nous circulions librement, avec la fierté, et non l'orgueil, d'avoir triomphé – nous qui étions désignés pour la mort ! (OC1, p. 1035)

En plus, son intervention politique « anti-politique » met sa famille sous une pression intense :

---

[43] *Ibid.*

J'ai prêché le calme. J'ai dit aussi que la Politique des partis doit être bannie de Madagascar. Et l'on m'en veut au point de me menacer de mort. Pire : moi et ma femme, et mes enfants – ceci, du moins, m'a été raconté au milieu d'abondantes larmes, ce matin, par Mère. Etaient présents, avaient été convoqués tout exprès pour, Ramily et mon beau-père. J'ai répondu presque grossièrement – le Dieu de ma mère m'en pardonne ! Et l'on s'est quitté en « pure perte » – on voulait me faire renoncer à ma Politique. Bon Dieu ! parce que je dis que la Politique des partis sème la discorde et les plus fratricides luttes, l'on en veut maintenant à ma petite famille – moi compris ! Alors ! allez-y, Messieurs mes compatriotes ! Que je sois la première victime de ladite Politique – je m'en moque dès maintenant ! (OC1, p. 1036)

Le 7 octobre 1936, dans *Le Madécasse*, Rabearivelo fait sa dernière intervention politique, une réponse à la « grande consultation » de ce journal sur « les aspirations des indigènes vues par les Malgaches ». Dans cet article, Rabearivelo tient à insister sur son passé de critique précoce de la politique coloniale à Madagascar. Déjà en 1923 ; lui et ses confrères malgaches avaient revendiqué « l'élargissement de la naturalisation et une refonte de l'indigénat tendant vers son abolition. Nous combattons l'institution du SMOTIG. Enfin, nous réclamions un refonte de la justice d'exception ». Mais ce fut un temps d'opportunités ratées : « Si, dès ce temps, l'Administration nous avait attentivement écoutés et qu'elle ne se bornât pas à quelques réformes anodines et, par trop simplistes, il ne resterait plus grand-chose à demander à l'heure où nous sommes ». Rabearivelo repousse donc les accusations venant de la gauche qu'il soit un laquais du colonialisme :

Contrairement à ce que disent certains aujourd'hui jusque dans des réunions soi-disant contradictoires, les traîtres à leur patrie ne sont pas tout à fait du côté que l'on pense. Je ne vise personne en particulier, mais certains sont politiciens depuis hier : gens qui, la plupart du temps, n'ont rien fait de leur vie ; ils sont de bonnes raisons sans doute à s'agiter tout à coup. Résultat : l'introduction d'une chose néfaste pour la Colonie : la politique de partis.

La politique, poursuit l'auteur, « est un vice, comme l'alcool ou les stupéfiants. S'il plaît à certains d'avoir des vices, qu'ils aient au moins la pudeur de ne pas les communiquer aux autres ». En même temps, Rabearivelo affirme qu'il n'attaque aucun parti politique en particulier : « Ralaimongo, ce super-chauvin, pour moi, reste un homme essentiellement honnête... J'ai de nombreux amis à Paris dans tous les partis : le grand Barbusse, avec qui j'ai correspondu huit ans durant ». Il rappelle au lecteur le fait qu'il a contribué à l'anthologie *Negro*, « livre nettement communiste ».

Cela dit, les critiques et les propositions de Rabearivelo pour la colonie sont modérées. Concernant la naturalisation, « Je suis bien fier de rester tel que Dieu m'a fait et de garder le peu de chose racial qu'il m'est donné d'avoir... Pas de naturalisation massive, qui ne plairait pas à tout le monde. A moins de nous forcer la main, mais la France, après avoir déjà employé les armes, n'est pas venue ici, que je sache, pour faire ça ». Vu ses conflits fréquents avec l'Impôt, il n'est pas surprenant qu'il attaque un régime fiscal qui touché les indigènes à partir de 16 ans au lieu de 21 ans chez les citoyens français. Mais Rabearivelo admet qu'il y aurait toujours « deux statuts et deux justices ». Quant à l'éducation, elle devrait servir « surtout à donner à nos enfants le moyen de devenir des hommes. Des hommes qui n'aient pas honte de revenir à la terre... Les nourritures spirituelles ne sont, à mon avis, qu'une satisfaction personnelle ». Cependant, Rabearivelo exprime des avis favorables sur quelques réformes sociales introduites par le Front populaire : « Pour ce qui est de la semaine de 40 heures et des congés payés, il n'est que de les appliquer *effectivement et strictement...* Il est vraiment urgent d'améliorer la situation matérielle des ouvriers ».

Mais contrairement à ses adversaires nationalistes et communistes, Rabearivelo n'envisage pas de transformation rapide et radicale des rapports entre colonisateur et colonisé : « la Fraternité n'est pas encore faite pour les générations que nous sommes. Il y a manque de contact et de confiance mutuelle. La Fraternité est faite pour nos enfants, et encore, pour les grandes cités seulement, à mon avis. Car là nos enfants, tous nés ici, auront grandi ensemble ». Sa seule proposition de réforme politique est la création d'« un conseil permanent comprenant avant tout des gens capables de donner un avis libre et connaissant bien les pays et les hommes »[44].

Cette intervention est reproduite in extenso dans *Action française* sous le titre « Un Malgache parle ». Pourtant, le journal de Maurras supprime les références conciliatrices à Ralaimongo et à Barbusse, aussi bien que ses observations favorables sur les congés payés et la réduction de la semaine du travail. Ce que l'on retient pour publication, c'est le rejet de la naturalisation universelle, l'affirmation que l'éducation des indigènes soit en priorité vocationnelle, et la croyance en l'association plutôt qu'un régime républicain fondé sur l'assimilation[45].

Quant à la réception de cet article à Madagascar, Rabearivelo note dans son journal intime que, à part des attaques prévisibles, il avait reçu des coups de téléphone de « trois personnes différentes – toutes, hautes personnalités de la Colonie – me congratulant et, en même temps, m'assurant que mon programme sera en grande partie, sinon entièrement, retenu par le Gouvernement de la Colonie ». Cependant, « vinrent par là-dessus des… crustacés. M'enjoignirent dans les larmes de renoncer à toute action politique, parce que, pour la semaine prochaine, une journée rouge serait préparée et qu'après

---

[44] *Le Madécasse*, 6 octobre 1936.
[45] *Action française*, 14 décembre 1936.

Mgr Fourcadier et les missionnaires protestants Mondain et Beigbeider, je figurerais en tête d'une liste de types à zigouiller » (OC1, p. 1044). C'est dans cette atmosphère délétère que Rabearivelo envoie une lettre au *Madécasse* où il se compare à Socrate aussi bien qu'à un chevalier qui avait vainement combattu Don Quichotte. A la fin de ce texte, le poète annonce sa retraite de tout débat politique : « A partir d'aujourd'hui donc, je reprends ma liberté vis-à-vis des hommes,et ne m'occuperai plus, comme la cigale, qu'à chanter » (OC1, pp. 1145-1146).

Force est de constater que dans *Les Calepins bleus*, Rabearivelo n'abandonne nullement son intérêt pour l'actualité. Selon lui, le fruit empoisonné de « la politique » semble se manifester dans les grèves et les manifestations nationalistes et rouges. Il se demande : « Est-ce la fin de la race blanche ? Tout me porte à le croire, et, tout mélanien que je suis, à le regretter amèrement. Pourquoi ? – Je suis, certes, Scythe par filiation – mais par éducation, par culture... » (OC1, p. 1049). Il se félicite de la première représentation à Madagascar, organisée par de jeunes intellectuels malgaches dont Jacques Rabemananjara, de la pièce royaliste de Corneille, *Horace* : « J'ai, il est vrai, soufflé à Mme Quérillac pour l'Action française que je représente ici, et qui a trouvé beaucoup d'importance à la nouvelle » (OC1, p. 1050). Les événements en Espagne – à la langue et à la culture de laquelle Rabearivelo est devenu profondément attaché – lui redonnent de l'espoir : « Dès que l'armée nationaliste aura franchi le seuil de Madrid, je perpètre [*sic*] d'envoyer au Général Franco le câble suivant : *Hurrá para salvador España inmortal y Europa tambien contra enemigo mundo entero Rabearivelo malgacho !* [Hourra au sauveur de l'Espagne immortelle.et aussi de l'Europe contre l'ennemi monde entier ! Rabearivelo, Malgache] » (OC1, p. 1051). C'est à ce moment qu'il rédige un poème, « Fête militaire », qui célèbre « La bestialité des muscles/qui ont enfin recouvré/un peu de leur part divine » (OC2, p. 737). Cela dit, ce vif attachement à l'Espagne dépasse les terribles clivages de la guerre civile. Dans « Le triple chiffre », dédié à l'écrivain mexicain, Alfonso Reyes, avec qui Rabearivelo correspond intensément, et Armand Guibert, grand promoteur de la littérature hispanophone, on peut lire :

> Iarive...
> Or pourquoi l'obstiné-je
> A voir en toi un autre Orient dans l'Occident
> Tout comme cette péninsule ibéro-mauresque
> Que j'aime tant pour sa profondeur (OC1, p. 740)

L'Espagne serait donc un écho, un double du dualisme malgache. Mais comme ailleurs dans l'œuvre de Rabearivelo, la Poésie dépasse les clivages idéologiques : « Hier/je me suis enivré en récitant/tant de *romances viejos*/dont celui d'Abemamer/mais plus m'a plu celui de *la Risa fresca*/et les poèmes d'aujourd'hui/et l'angélique Alberti/et de Lorca notre Federico le massacré de septembre » (OC1, p. 740). Le poète communiste Rafael Alberti et le Lorca victime des franquistes illustreraient donc à leur tour le génie de « cette belle inconnue/que j'eusse aimée et qui le savait... » (OC1, p. 740).

Le 9 novembre 1936, Rabearivelo reçoit de Mme Quérillac une lettre qui ne serait considérée que comme un signe de consécration par un membre ardent de l'Action française :

> Cette grande dame française avait reçu de Jean Tenant mes poèmes parus dans les *Amitiés*. Elle les avait lus et aimés. Elle les avait montrés à Louis Vincent qui avait immédiatement décidé de les faire lire à Maurras. Et celui-ci les avait aimés à son tour ! Quel plus grand honneur pour l'enfant que je suis ! Un autre petit détail qui m'a touché autant que cette... tuile dorée : en PS écrit à 11h du soir, ma

> bonne correspondante me fait entendre que notre Maître suprême m'a lu le jour même de son arrestation (le 29 octobre, vers 17 heures). Et il est maintenant à la Santé – alors que d'autres que lui devraient y être ! Mais l'Intelligence française est en vacances, l'homme de la rue étant roi depuis mai 36... (OC1, p. 1056)

Ce dédain aristocratique de « la foule » s'exprime clairement dans la dernière publication de son vivant, *Tananarive, ses quartiers, ses rues*, un livre co-écrit avec Eugène Baudin. Avec érudition et humour, les auteurs expliquent les noms de lieux de la vieille ville, se référant à un passé royal tout en passant sous silence les gens ordinaires, sauf quand il s'agit de les mépriser. L'ouvrage se termine sur une liste des nouveaux noms des rues de la capitale malgache, qui, de la place Colbert à l'avenue Lyautey, portent indéniablement l'empreinte du pouvoir colonial français. Il y a mention de l'inauguration du tunnel Léon Cayla, avec ces mots élogieux pour le Gouverneur général : « C'est sous son impulsion que Madagascar a été sillonné de routes, c'est à lui que sont dus les embellissements et la complète transformation de la Capitale – sans compter les œuvres d'assistance sociale, l'aviation »[46].

En février 1937, *Action française* consacre un long article à Rabearivelo, intitulé « Fleurs malgaches de la colonisation ». Pour Claude Queveney, Rabearivelo exprime le caractère poétique du peuple malgache : « c'est toujours le même sentiment poignant de la mort, du culte des ancêtres et de leurs tombeaux qui l'inspire ». La caractéristique essentielle de l'œuvre de Rabearivelo serait « la gravité mélancolique avec laquelle il célèbre sa sylve natale, l'atmosphère ardente de l'Emyrne ou les ancêtres disparus de sa race splendide ». Son recueil *Chants pour*

---

[46] Eugène Baudin et Jean-Joseph Rabearivelo, *Tananarive, ses quartiers, ses rues*, Tananarive, Imprimerie de l'Imerina, 1937, p. 88.

Abéone, inspiré par une attirance double vers la terre et la mer, indiquent une lutte interne entre l'intellectuel occidentalisé et les influences natives. Malgré son génie, écrit Queveney, l'identité et le statut de Rabearivelo restent problématiques, et le journaliste maurrassien impute ceci à la France républicaine :

> Le talent de Rabearivelo ne lui vaut encore ni richesse ni gloire. La Monarchie eût aidé à l'épanouissement d'un tel talent. Mais l'administration républicaine s'en est désintéressé ou presque. Elle n'a même pas saisi l'occasion de l'Exposition de Vincennes, pour appeler Rabearivelo à Paris, où un contact direct avec les poètes métropolitains lui eût été favorable. La politique, le favoritisme, l'envie ont-ils, comme on l'a voulu dire, joué, une fois de plus, contre le mérite réel ? Quoi qu'il en soit, s'il n'est pas un Français de la métropole qui puisse rester insensible à ce génie très différent du nôtre, mais si vraiment fraternel qu'il a choisi nos mots, pour exprimer son attachement à la patrie de ses ancêtres, à ses beautés, à ses traditions. C'est là le miracle de la vraie colonisation qui n'est pas l'assimilation stupide et massive, mais la pénétration des âmes et des cœurs.[47]

Ce texte de Queveney parle de Rabearivelo à peu près au temps passé. Effectivement, *Les Calepins bleus* indiquent une crise personnelle qui s'avérera bientôt terminale. Francis Koerner fait l'observation raisonnable que « l'itinéraire politique de Rabearivelo est très tortueux et il se pourrait qu'il ait eu une influence sur la destinée tragique du poète »[48]. Cependant, un cocktail de facteurs contribue au malaise croissant du poète, à commencer par ses rapports ambivalents avec l'Administration coloniale.

---

[47] *Action française*, 8 février 1937.
[48] Francis Koerner, *Madagascar. Colonisation française et nationalisme malgache*, Paris, L'Harmattan, 1994, p. 316.

Le Poète et le Gouverneur général

Les rapports que Rabearivelo entretient avec le pouvoir colonial se trouvent au centre des réflexions critiques sur la vie et la mort du poète. Le représentant le plus important de ce pouvoir pendant les dernières années de Rabearivelo est le Gouverneur général, Léon Cayla. Ce dernier, né à Oran en 1881, fait une carrière brillante dans l'administration coloniale. Il séjourne pour la première fois à Madagascar en 1910, comme chef de cabinet du gouverneur général. Après avoir servi dans d'autres coins de l'Empire, notamment comme gouverneur du Grand Liban, il est nommé gouverneur général de Madagascar en mai 1930. Commissaire adjoint du Maréchal Lyautey à l'Exposition coloniale de 1931, Cayla est décoré pour sa contribution à cet immense succès de propagande en faveur de la « plus grande France ». A la fois mécène et « méchant », Cayla facilite des activités culturelles sur la Grande Île, mais peut être considéré également comme une entrave à leur essor.

Ce « gouverneur à poigne » a un statut quasi monarchique. Légalement d'abord, il concentre les pouvoirs : tout l'exécutif et une part décisive du législatif. Dans les faits, plus qu'un pouvoir, le gouverneur général est une puissance d'aspect monarchique comme en témoigne la cour (et les intrigues) qui l'entoure. Or cette puissance ne peut pas être utilisée pour libéraliser l'ordre colonial mais seulement pour en aggraver les aspects contraignants. Une faiblesse apparente : le gouverneur général est nommé et rappelé par Paris de manière arbitraire. En réalité, soutient Jean Fremigacci, « cet arbitraire le sert, car il signifie que la métropole n'a aucune ligne politique définie en ce qui concerne Madagascar »[49].

---

[49] Fremigacci, p. 59.

Bien que le ministère nomme les principaux chefs de service et détermine la composition du corps des administrateurs coloniaux, les Gouverneurs généraux parviennent à composer comme ils l'entendent l'administration centrale du pays, en renvoyant soit en France, soit « en brousse » les collaborateurs qui gênent, ou ceux du gouverneur précédent. Ainsi, écrit Fremigacci, « se créent de redoutables clans »[50]. Le Gouverneur général en place se maintient d'abord s'il peut compter sur de puissants appuis à Paris. Il dispose pour cela de moyens de propagande considérables mais doit aussi céder aux exigences de milieux d'affaires influents. Des fonds secrets alimentent, à Tananarive et à Paris, une presse à sa dévotion ; voyages offerts à des écrivains de deuxième ordre chargés de chanter les louanges du gouverneur ; bourses octroyées à des artistes divers, etc. Ainsi peut s'accréditer, dans les années 1930, sous Cayla, le slogan de « Madagascar, l'île heureuse ». De telles ressources permettront à Cayla de traverser les années de grande crise qui commencent dès 1927.

Sous le pouvoir colonial, on voue un véritable culte au chef. Voici Cayla vu par M. Délelée-Desloges, administrateur en chef des colonies, en 1931 :

> Peu après son arrivée à Madagascar qu'il connaissait bien pour y avoir servi à deux reprises en 1910 et 1920, où il avait rempli les délicates fonctions de chef de cabinet et occupé avec éclat le poste éminent de secrétaire général, M. le gouverneur général Cayla, animateur incomparable, se montra préoccupé de poursuivre, sans délai, l'œuvre de ses prédécesseurs et, tout en simplifiant la structure administrative de la colonie, d'en porter l'organisation au plus haut degré possible. Les obstacles sont nombreux et sévères, une crise mondiale intense menace les industries adolescentes, entrave et paralyse presque le commerce, et, par contrecoup, l'agriculture. Raison de plus pour travailler

---

[50] *Ibid.*, p. 60.

et se préparer soigneusement à la reprise des affaires, déclare le gouverneur général, dont le vigoureux optimisme et l'ardeur raniment les énergies. Il entre à Tananarive le 3 mai 1930, moins de huit mois plus tard, une série de mesures d'une portée considérable (organisation du crédit agricole, standardisation, réorganisation des Chambres de commerce, nouveau régime forestier, etc.) dont l'étude, entreprise depuis un certain temps n'avait pas encore abouti, étaient mises au point et divers arrêtés, publiés au *Journal officiel* de la colonie, les faisaient entrer dans la pratique administrative. Toutes témoignent d'une compétence profonde et d'une clarté de vues d'ailleurs incontestées, d'une activité inlassable ; par elles se manifestent à la fois l'esprit de décision du chef de la colonie et ses éminentes qualités d'organisateur, de constructeur. Toutes, enfin, convergent vers le but qu'il s'est assigné, et vers lequel il s'est donné pour tâche d'entraîner Européens et indigènes, planteurs, commerçants, industriels et fonctionnaires : doter les grands services publics et la colonisation de l'outillage qui leur manque encore dans les domaines technique, législatif ou économique, puis, développant sans arrêt la mise en valeur de toutes ses ressources, conquérir définitivement ce pays, par d'incessants et communs efforts, sa place au soleil.[51]

Depuis le retour définitif des anciens de la VVS, en 1923, la menace nationaliste-communiste semble conjurée. Le 15 février 1932, Cayla rédige un aperçu d'ensemble sur la situation de Madagascar où il observe :

L'état d'esprit des indigènes demeure très satisfaisant. Les tentatives de l'agitateur Dussac et des quelques adeptes malgaches qui se groupent autour de lui sont demeurées infructueuses. En particulier, le projet qu'avait conçu Dussac d'utiliser une coopérative à succursales multiples pour attirer

---

[51] *Ibid.*, p. 85.

les indigènes et les grouper dans ses cellules a complètement échoué.⁵²

Forte de cette stabilité politique, malgré la crise mondiale, la gouvernance de Cayla, entre 1930 et 1939, voit le rétablissement de l'équilibre de la balance commerciale, l'aménagement des ports modernes de Tamatave et de Diego Suarez, des projets importants d'urbanisme, un réseau routier doublé, la production de café multipliée par six, et une ligne aérienne établie avec la France métropolitaine.

En 1934, Maurice Martin du Gard dédie son *Voyage de Madagascar* « à la mémoire de Jules Ferry qui, sous la troisième République, fonda l'Empire » mais aussi à Léon Cayla, « qui, à l'exemple des plus grands, met de l'ordre et de l'humanité dans l'action coloniale de la France ». Ce récit de voyage contient un portrait élogieux du Gouverneur-Général dans sa résidence officielle :

> Le pouvoir législatif, l'exécutif et parfois le judiciaire : c'est un roi. Il a sous ses ordres tous les chefs de l'administration de la colonie, le général commandant les troupes et jusqu'au gouverneur des Comores (…°) En somme le trésorier payer et le contrôleur des finances échappent seuls à son autorité. C'est lui qui établit le budget et qui préside chaque année les Délégations économiques et financières, élues par les Chambres de commerce et les municipalités ; celles-ci présentent leurs observations sur les emprunts, les impôts, les travaux publics, mais elles n'ont pas réellement voix au chapitre, ou pas suffisamment s'il faut les en croire.

Cette toute-puissance ne semble pas inquiéter Martin du Gard :

> Une sorte de royauté sans bornes, en un domaine si éloigné de la métropole, peut être funeste à un caractère de faible

---

⁵² ANOM: 29/EVE/OM, Fonds Léon Cayla, carton 4.

vertu. Ceux qui sont assurés de pouvoir un jour s'estimer n'ont que faire de lire dans les yeux de leur entourage un air de dépendance ; C'est amusant de compter les courtisans, de voir chaque jour le nombre s'augmenter et d'entendre s'élever sur ses pas le louange. Léon Cayla doit souvent se plaire à ce qu'on lui dit de lui-même, mais il a l'intelligence claire et trop haute pour ne pas dominer sa fonction et la purifier de tout ce qui n'est pas vraiment le service de l'Etat. Il aime la grandeur et pourrait-il avoir d'autre souci que d'imposer partout où il passe une idée qui me passionne, celle d'une France ordonnée, disciplinée, humaine, mystique et réaliste toute ensemble ? Sans doute s'attache-t-il à des travaux qui sont lourds pour un budget, des tunnels, des chemins de fer, des routes, des immeubles. Mais il se donne avec le même soin aux indigènes et s'emploie chaque jour à leur faire une existence meilleure ; il les introduit à la petite propriété, car ce n'est pas lui qui les renflouerait dans les terres pauvres ; ce qui ne paraît pas aussi urgent évidemment à de grands féodaux de la vieille colonisation. Politique d'association et d'équilibre et qui ne se paie pas des mots.

Ce gouverneur général ne s'attaque qu'aux rares meneurs, et pratique envers les indigènes une politique d'égards. Il parle par des actes :

Il n'a pas fait de discours, d'ailleurs on risque d'âtre mal compris, mais il a distribué des layettes et des boissons chaudes. Il a multiplié les dispensaires, et ce n'est pas sa faute en vérité si les médecins indigènes vendent à leurs frères la quinine qui doit leur être donnée. Il a repris la fête des enfants, qu'on ne célébrait plus depuis Gallieni. A la fin du repas qui, dans le parc de la Résidence, groupait plus de deux mille petits Malgaches, élevant à bout de bras ses deux enfants, il les plaça sous la protection du peuple. Ce sont des « amies intimes et inoubliables ! » cria-t-on de toute part. Cet ensemble de mesures bienveillantes envers la masse devait recevoir, de tous et des notables en premier lieu, une approbation opportune.

Son bonheur est donc dans l'activité : « Très dur au travail, moitié tyran et moitié chat, il terrifie nombre de ses fonctionnaires un peu lents à le comprendre. Il fait recommencer des lettres, des rapports, qui n'en sont jamais assez nets. Ses colères sont aussi légendaires que celles de Lyautey, mais lui ne piétine pas son képi et pour cause». C'est surtout « un appétit de la perfection, plus encore que le goût de dominer », qui le mène. La colère passée, « c'est l'homme le plus exquis, le plus généreux, le plus sensible ». Dans ses tournées, « il part à l'aube, presque encore dans la nuit, et roule sans arrêt à toute vitesse dans une voiture découverte, tuant ses collaborateurs qui ne le quitteraient cependant pour rien au monde ». Martin du Gard conclut ainsi ce portrait dithyrambique d'un bourreau de travail au service de la cause coloniale :

> Aimant à conquérir, inquiet et ravi de plaire, impatient de tout savoir et de tout s'expliquer, quand il sourit et persuade, « on ne connaît pas de visage plus jeune ». Mais passant au sombre et retrouvant son âge dès qu'on ne l'aime plus assez quand il a devant lui un médiocre. Romanesque, le cœur d'une petite pensionnaire, employant tous les moyens pour avoir toujours vingt ans et le meilleur, en somme, quand il apprend à piloter l'avion et qu'il rêve de grands raids. Le masque d'une belle pâte algérienne, les cils très noirs, les yeux d'un insomnieux, mêlés de gris et de vert, un peu battus, qu'il sait durcir ou adoucir à merveille, tout cela vous fait un personnage qui a du charme, de l'autorité, un grand fonds de prudence, qui joue bien son rôle de vivant, et qui, attentif à la faveur, fut toujours digne de sa chance.[53]

Dès avant son arrivée sur la Grande Île, Cayla est un fonctionnaire colonial à la réputation bien assise, comme l'attestent les nombreuses coupures de presse conservées dans ses papiers privés. En 1926, *Le Watan* avait décrit ainsi le Gouverneur du Grand Liban : « Venait à son bureau de

---

[53] Maurice Martin du Gard, *Le Voyage de Madagascar*, suivi de *Une escale à La Réunion et Visite volante à Maurice*, Paris, Flammarion, 1934, pp. 158-163.

très bon matin, se retirait tard dans la nuit, et revenait travailler les dimanches et même les jours feriés »[54]. En 1928, dans *Le Carnet de la semaine*, « Le Tailleur de Pierre » affirme la valeur de Cayla :

> Son passé l'atteste : partout où il résida, à la Guadeloupe où il débuta dans la carrière coloniale, au Sénégal, à Madagascar, où il fit deux séjours et comprit si parfaitement l'âme malgache, il laissa l'empreinte de sa très forte et très attachante personnalité et mit sur pied des projets de réforme dont son esprit clairvoyant sentait la nécessité et dont quelques-uns, - malgré l'inertie des bureaux, - finirent par aboutir. Doué de l'esprit d'aventure, M. Cayla aime à travailler dans les pays neufs ou insuffisamment exploités, aborder des problèmes non encore résolus. Il comprend vite, voit juste et réalise. La bureaucratie n'a pas d'ennemi plus redoutable que lui.[55]

Dans *Le Courrier d'Afrique*, Jorj Manoly chante la modernisation de Tananarive sous la direction de Cayla :

> Dès votre entrée, un homme de haute stature, faisant très jeune bien que les cheveux grisonnants, vient vers vous. Cordial, aussitôt. D'une voix chaude et claire tout à la fois, d'une voix de chef, il vous questionne, il se renseigne. Et il vous retient, faisant parfois une remarque accompagnée d'un fin sourire quelque peu désabusé. Il vous renseigne et vous conseille aussi, malgré vous, vous convainquant par une phrase presque imperceptiblement appuyée d'un regard qui se fait vif et doux. On sent l'allant, l'énergie et aussi la bonté qui font les bons conducteurs d'hommes et on devine l'esprit décision et de continuité des animateurs aux initiatives hardies, aux réalisations heureuses. Un gouverneur général.[56]

---

[54] *Le Watan*, 18 mai 1926.
[55] *Le Carnet de la semaine*, 19 août 1928.
[56] ANOM : Fonds Cayla, carton 4, sans date.

En décembre 1933, dans *Mercure de France*, Marius-Ary Leblond décriront Madagascar comme un « pays du merveilleux », le comparant même à l'Australie. *L'Eclaireur de Nice et du Sud-Est* salue la résurrection par Cayla de la « Fête des Enfants » créée par Gallieni :

> Le Gouverneur général a commencé par convier dans le parc de sa résidence 2000 petits Malgaches encadrés de 200 notables ; on les a fait asseoir à des tables décorées et savourer une suite de mets et de pâtisseries dont ils n'avaient jamais eu l'idée : ils y ont eu « le goût » de la civilisation française, qui a déjà mis tant de douceur dans leurs mœurs.... Expressément, Gallieni, Cayla ont voulu montrer que la France récompensait et célébrait la fécondité, mais aussi qu'elle honorait l'enfance de tous les enfants.... Demandons-une pareille pour la Côte d'Azur ![57]

Du 30 avril au 10 mai 1935, Cayla, aviateur passionné, sera le premier à sillonner l'île aux commandes de son Potez 25. *L'Union économique de l'Est* l'évoque en termes qui frôlent le culte de la personnalité :

> M. Mussolini n'est pas seul à piloter son avion. M. Léon Cayla, gouverneur général de Madagascar, ancien collaborateur du Maréchal Lyautey à l'Exposition coloniale de 1931, vient de recevoir les félicitations de M. le général Denain, après un périple de 4.000 km sur la grande île dont il est gouverneur général, au cours duquel il a piloté, à la tête d'une escadrille, son propre avion. C'est, là, gouverner de haut. Nous félicitons respectueusement de son cran M. Cayla.[58]

Mais la presse, que Cayla surveille de près, n'est pas à l'unanimité. Dans l'*Action française* du 1 août 1934, un certain « Ranavalo » annonce que Cayla vient de rejoindre

---

[57] *L'Eclaireur de Nice et du Sud-Est*, 19 juillet 1933.
[58] *L'Union économique de l'Est*, 15 juin 1935.

son poste à Madagascar « mais à son corps défendant ». L'ambitieux Oranais aurait bien préféré l'Indochine :

> Quelques mois après son débarquement à Majunga, en 1930, n'a-t-il pas proclamé devant ses familiers ; « J'ai été appelé auprès d'une mourante : j'aurais pu être son fossoyeur ; j'ai préféré être son garde-malade »... au lieu de continuer vers le fleuve Rouge et l'Orient mystérieux, M. Cayla, plein d'amertume et mélancolie, s'est dirigé vers la vieille île Dauphine et sa rouge capitale aux sept collines.

Ranavalo s'adonne ensuite à un véritable réquisitoire contre le bilan de ce Gouverneur général : le chemin de fer serait une farce, l'enseignement public totalement désorganisé. L'économie serait en pleine régression : « elle n'a pas de politique d'exportation et, à l'intérieur, les cultures sont mal conduites ». Dans une conclusion acerbe, Ranavalo cherche à faire un contraste saisissant entre Cayla et ses prédécesseurs malgaches et français :

> En escaladant les pentes vertigineuses et les virages impressionnants de la Mandraka dans la nouvelle Micheline que le TCE met à sa disposition, M. le Gouverneur général pourra faire quelques saines réflexions sur le déséquilibre économique et financier qui s'aggrave, par sa faute, à pas de géant dans sa colonie. Les ombres des grands administrateurs, du Roi, des hardis colonisateurs de jadis et des grands militaires d'hier, celles des Flacourt, des Benvoski, des Mahé de la Bourdonnais, des Joffre et des Gallieni, vont l'accompagner dans sa route au milieu des fougères géantes le long des rapides de l'Ivondro.[59]

Un article si insolent ne saurait échapper à l'attention du Gouverneur qui, le 19 septembre 1934, rédige un rapport « Au sujet d'articles diffamatoires » :

---

[59] *Action française*, 1 août 1934.

> Ce factum, où succèdent les absurdités, les contre-vérités et les calomnies et où se trouvent diffamés avec moi plusieurs Gouverneurs Généreux, dont un membre du Gouvernement, est attribué ici au Capitaine d'Artillerie Coloniale Slouschz (en littérature Jean-Jacques Neuville) qui a quitté Madagascar le 12 avril 1934 et qui, à la suite d'incidents regrettables survenus dans la région de Morondava en 1933, a été l'objet d'une demande de sanction disciplinaire. Le Capitaine Slouschz n'avait pas caché, avant son départ de la Grande Ile, qu'il mènerait une compagne contre moi à son arrivée en France.[60]

Néanmoins, la presse en général couvre de façon positive les efforts faits par Cayla pour promouvoir la culture dans la colonie, et ce faisant, faire œuvre de propagande en métropole. En France, de nombreuses initiatives sont prises. Le 6 novembre 1931, une soirée malgache est donnée au Théâtre des Champs-Elysées. On y projette d'abord un film réalisé par le service cinématographique du Gouverneur général qui évoque Tananarive, la construction du port et la renaissance de la ville de Tamatave, construction du chemin de fer de Fianarantsoa à la Côte est, voyage dans le Sud. Dans la partie musicale, l'orchestre symphonique de Paris joue Berlioz, Debussy, Borodine, Tchaïkovsky. Dans la deuxième partie, l'audience se voit offrir chants et danse par la troupe du théâtre malgache de l'Exposition coloniale. En 1932, une exposition permanente consacrée à la colonie est inaugurée sur les Champs Elysées. Mars 1934 voit la diffusion en métropole d'un film, « Symphonie malgache », réalisé par Alfred Chaumel et Geneviève Chaumel-Gentil (et avec la participation de Rabearivelo comme figurant), où se côtoient course de pirogues, pittoresque marché malgache, procession majestueuse de bateaux de pêche, lutte fougueuse entre buffles et leurs

---

[60] ANOM : Fonds Cayla, carton 4.

gardiens, constructions ferroviaires et routières, et aménagement moderne de forts et de villes. Il s'agirait de la « synthèse d'une œuvre de transformation ».

Mais l'initiative la plus marquante de cette période est sans doute le lancement, en janvier 1933, de la *Revue de Madagascar*, une belle publication de grand format agrémentée de photos qui cherche à prolonger le succès rencontré par le pavillon de Madagascar à l'Exposition coloniale. Dans l'avant-propos du premier numéro, on explique ainsi la mission de cette publication :

> Des colons, des soldats, des administrateurs ont abordé au cours des siècles dans la Grande Île et malgré la pénurie de leurs ressources, en dépit des déceptions et des souffrances ils ont créé par un labeur incessant des richesses. Aujourd'hui, des routes, des chemins de fer sillonnent un pays immense, des plantations prospèrent, des usines fonctionnent, des ports se créent. Une énergie indomptable poursuit un effort acharné pour produire. Et les navires qui s'éloignent emportent dans leurs flancs des cargaisons de café, de tapioca, de riz de luxe, de tabac, de pois du Cap, de graphite et de mica. Aux bords de son océan, l'image de Madagascar chatoie avec des reflets de béryls tandis que flotte dans l'air le parfum de la vanille et de l'ylang-ylang.

Cette Île Dauphine est si lointaine sur les rives de ses mers désertes qu'elle risque d'être méconnue, n'étant pour les yeux et l'esprit des Français que l'empreinte d'un pied gauche sur une carte. Avec l'Exposition coloniale de 1931, un esprit nouveau a soufflé :

> Madagascar s'est montré à Paris et Paris a découvert Madagascar. Affluant dans les salles d'un palais éphémère, la foule a répondu au salut de la Grande Ile. Elle a compris que sur les sables de Majunga et de Tamatave comme sur la latérite des Hauts-Plateaux, grandissait un pays où ses fils s'établissent et propagent sa pensée, où les Malgaches s'enroulent dans les plis du drapeau comme dans ceux du

lamba national, une France Australe qu'il fallait aider, soutenir, connaître.

C'est sur ce sentiment de solidarité chaleureuse que s'est close l'Exposition. Et c'est ce sentiment qu'entend exalter et perpétuer la *Revue*, « organe de liaison et de collaboration nécessaire qui supprimera la distance entre la France et la Grande Ile ». Ce numéro annonce la composition de ceux qui le suivront : une conférence de Cayla sur Madagascar « pendant la crise » – qui semble implicitement terminée – un poème de Pierre Camo ; une étude sur la musique malgache ; une légende Sakalava sur la fondation de Majunga ; une évocation du paysage malgache par Robert Boudry. Les textes sont assortis d'images qui mélangent tradition et modernité : pont en ciment armé, riziculture, Ecole de Médecine et Hôpital Indigène, Institut Prophylactique de Tananarive, cité-jardin de Tamatave, un joueur de valiha… Ce premier numéro et le Gouverneur général dont elle est la création officielle, recevront les éloges du *Petit Parisien*, *La Revue bleue*, *L'Echo d'Oran* et *L'Action sénégalaise*, entre autres journaux de la « plus grande France ».

Robert Boudry joue un rôle moteur dans la *Revue*. Ses contributions, qui chantent Madagascar, sont dépourvues de ses critiques ultérieures du colonialisme. Ainsi, en juillet 1933, Boudry se penche sur la capitale et observe : « A voir les photos anciennes de Tananarive, on constate combien la ville s'est améliorée. Les maisons se sont multipliées, les rues élargies et rectifiées, la verdure accrue, les sentes nettoyées »[61]. Le Directeur du Contrôle financier conclut : « Tananarive est en pleine crise de croissance. Mais que le voyageur épris de pittoresque se rassure. La situation de la

---

[61] *Revue de Madagascar*, 3, juillet 1933, p. 106.

ville-montagne est unique »[62]. Poète à ses jours, Boudry contribue un « Chant malgache » :

> Ô monde en gestation,
> Île rouge, Madagascar,
> A l'appel de tes syllabes
> Montent de ton sol tourmenté
> Dans la fumée des feux de brousse
> Ton visage multiplie et ton âme secrète.
> Je veux les assembler dans une même formule
> Comme le sorcier prépare l'amulette
> Avec un peu de terre blanche,
> Des perles et du bois râpé.
> Je veux brandir aux yeux de béryls
> Qui veille aux bords de la mer des Indes,
> Par ce qu'ils savent, ô Madagascar,
> Ta puissance et ta diversité.
> Je veux que, rompant tes amarres,
> Tu t'avances, pirogue, aux carrefours du monde,
> Confiante en ta destinée,
> Et prennes conscience de toi-même.[63]

D'une perspective post-coloniale, ces vers pourraient bien être interprétés comme un appel à une prise de conscience malgache, mais dans le numéro de juillet 1936, Boudry donne une vision bien idyllique de la construction du chemin de fer Fianarantsoa-Côte Est. Selon l'auteur, « tout Madagascar contribuait à la construction du chemin de fer »[64]. La construction se fait grâce au SMOTIG – à la veille de son abolition par le Front populaire – mais, fort heureusement, il y a un bal en fin de route.

Par l'intermédiaire de son ami Boudry, Rabearivelo finit par figurer dans les pages de la *Revue*, malgré son mépris pour le directeur Sicard, qu'il traite de « fantoche » (OC1, p. 285). Dans le numéro d'avril 1935 paraît« Aux arbres »,

---

[62] *Ibid.*, p. 112.
[63] *Revue de Madagascar*, 14, avril 1936, pp. 33-34.
[64] *Revue de Madagascar*, 15, juillet 1936, p. 70.

et en juillet de cette année, un « Poème malgache » dédié à Pierre Camo. Mais c'est surtout Rabearivelo le dramaturge qui attire l'attention de la *Revue*. Le théâtre était né sous l'influence des Missions et au contact des spectacles organisés par les conquérants. Mélangeant traditions du *hira gasy* (chant malgache), du *konseritra masina* (concert religieux) et de l'opérette, les représentations dramatiques de l'époque se composent de chœurs, dialogues, chants. Souvent, ces chansons sont diffusées dans des programmes radiophoniques. Effectivement, selon Beby Vololona Rajaonesy, « l'administration investit dans la promotion de l'art malgache, tout en privilégiant logiquement les textes en français. Les écrivains bilingues comme Rabearivelo sont donc très prisés » (OC2, p. 1068).

Rabearivelo choisit de respecter la structure du théâtre malgache classique, où chanson et danses donnent le ton et rythment les scènes, tout en renouvelant le traitement du dialogue par l'interférence des langues. Sa première œuvre à être portée sur scène est une « imagerie populaire », *Aux Portes de la ville*. Cette pièce évoque des scènes typiques d'une journée malgache : vie à la campagne durant la saison sèche, et temps des festivités coutumières dont *famadihana* (retournement des morts), circoncision, et *vodioridry* (demande en mariage). Tout cela est observé par « Le Meneur » venu parmi les paysans, qui, à l'instar du dramaturge, est déjà détaché de ce qui se passe aux portes de sa ville : « Je suis le journaliste/je suis le reporter/je viens pour écouter/tout ce qui existe » (OC2, pp. 1081-1082). Représentée au théâtre municipal le 19 mai 1935, cette imagerie connaît un franc succès. Mais, comme nous l'avons vu dans le chapitre précédent, c'est son adaptation d'*Imaitsonala. Fille d'oiseau*, qui attire le plus d'éloges. Tiré du cycle de légendes *Andriambahoaka*, cette pièce est écrite en 1933, puis ressurgit le 23 octobre 1934 à l'occasion d'une discussion avec Léon Cayla. Elle est retenue avec enthousiasme par Pierre Camo, mais les frais de sa représentation énormes font renoncer au projet. Une version française sera publiée sous forme d'une soixantaine de tirés à part après de longues négociations avec Cayla. Sa première représentation, en langue malgache, est destinée aux festivités d'inauguration de l'Hôtel de Ville, le 8 mars 1936.

Dans cette légende, l'oiseau Ivirombe couve au bord de la rivière. Ses œufs énormes donnent naissance à une foule d'oisillons et à une belle jeune fille, Imaitsoanala. Le roi, qui vient à passer en pirogue, s'éprend d'elle et l'enlève. Dans le palais, en beaux habits, couronne en tête, elle reçoit un peu hautainement sa mère-oiseau qui lui rend visite. Ivorombe, furieuse, crève les yeux de sa fille et lui arrache la peau. Les autres épouses royales triomphent et s'empressent d'aller chercher le roi. Mais Imaitsoanala a réussi à attendrir sa mère. Lorsque le roi entre avec toute sa cour, elle rejette le suaire qui l'enveloppait et apparaît dans toute sa beauté à ses rivales qui s'enfuient et au peuple qui l'acclame. Et c'est l'apothéose de l'amour. Si cette pièce raconte une histoire traditionnelle, il est difficile d'y manquer des vers typiques du poète : « Elle se souvient, hélas ! /Imaitsoanala ; fille d'oiseau ! /Elle se souvient et se sait être humain/issu d'une oiselle,/ici, en exil ! » (OC2, p. 1155).

Le recrutement des célèbres actrices et chanteuses Mme Jeannette et Mme « Bako » contribue fortement au triomphe de cette représentation. On explique ainsi l'attrait de cette œuvre : en « Malgachisant » pour séduire le public français, « modernisant » pour attirer le public malgache et vice versa, Rabearivelo s'adresse aux hommes du pouvoir colonial, et à la haute bourgeoisie tananarivienne. Comme *Action française*, la *Revue de Madagascar* en fait un compte rendu élogieux :

> Ceux qui assistaient récemment à la représentation populaire en plein air que Tana avait organisé pour fêter l'inauguration de son Hôtel de Ville ont eu une double et agréable surprise. Peu d'entre eux s'attendaient à trouver un nouveau théâtre de verdure au fond du Parc d'Ambohijatovo. Et la plupart pensaient ne voir se dérouler dans ce décor grandiose que le spectacle ordinaire de ces pièces sans caractère où, négligeant la puissance évocatrice des vieilles danses populaires et des chœurs traditionnelles, trop d'auteurs malgaches ont adopté avec plus ou moins de bonheur au goût local certaines formules – et non les meilleures – du répertoire occidental.

C'est, au contraire, dans le seul souvenir de quelques chansons anciennes que le poète Rabearivelo a puisé les éléments de sa cantate : « Plus rien ne rappelle dans cette sorte de féerie toute simple son inspiration habituelle et son rythme qui font penser tour à tour à Paul Valéry et à Pierre Camo. Il ne se souvenait plus que des légendes qui émerveillèrent son enfance ».

Une foule blanche de plus de dix mille Malgaches « accueillit ce spectacle avec un enthousiasme qui, lui aussi, fut beau à voir. L'heureuse stylisation des décors que le « Vieux Colombier » n'eut pas dédaignés, et la fraîcheur acidulée de certains costumes ne furent pas sans doute complètement étrangères à cette joie. Mais le sentiment populaire était fait davantage encore de reconnaissance à l'égard de ceux qui voulaient faire revivre, dans la clarté d'un beau jour, les vieux contes qui sommeillent encore dans la pénombre des chaumières ». Il faudrait donc suivre avec intérêt cet essai de rénovation du théâtre malgache : « Il s'apprête à ceux qui, au cours des années, ont remis en honneur l'artisanat de la Grande Île »[65].

Dans ce numéro, on fait place également à la *Revue des jeunes de Madagascar*, qui semble confirmer que l'association pacifique de Français et Malgaches soit

---

[65] *Revue de Madagascar*, 14, avril 1936, pp. 169-170.

possible aussi bien que souhaitable. L'époque ne serait plus où la population de la grande île se complaisait à vivre mollement dans les cercles limités des collines et l'étroitesse de ses petits soucis matériels quotidiens : « la France lui a ouvert l'espace des horizons supérieurs et lui a appris à exercer pleinement ses facultés morales, spirituelles, intellectuelles et littéraires »[66]. Diplômés de médecine, droit, et littérature, les vrais intellectuels malgaches « ne sont pas xénophobes. Ils ont depuis longtemps compris que la présence de la France est nécessaire à Madagascar pour protéger sa population, encore trop peu nombreuses, contre les appétits des grandes puissances mondiales »[67]. Au surplus, « le charme de la langue française, essentiellement poétique et musicale, les a pleinement conquis ». Il ne pouvait en être autrement :

> Le Malgache est né poète ; son sens naturel ne demande qu'à être dirigé pour se manifester dans toute sa plénitude. L'influence de son sol natal est restée profonde dans son art ; on ne peut que s'en réjouir et lui souhaiter de garder une mystique suffisante de la Nature qui l'entoure de son décor simple mais en même temps coloré, suggestif et pour tout dire sublime… Jean-Joseph Rabearivelo de qui nous lisions les premiers essais, il y a quelques années, a réalisé, à force de travail et de persévérance mis au service d'un réel talent, des progrès grâce auxquelles il a conquis une place enviable, non seulement parmi les écrivains de la Grande Ile, mais parmi tous les auteurs de langue française… D'autres comme F. Razanakoto et J. Rabemananjara ne se contentent pas d'offrir de belles promesses ; ils ont enlevé palmes et prix dans divers concours poétiques d'Europe.[68]

Cette *Revue des jeunes* aiderait aux efforts faits par l'administration française en vue de maintenir bien

---

[66] *Ibid.*, p. 164.
[67] *Ibid.*, p. 166.
[68] *Ibid.*, p. 166.

vivantes, dans leurs cadres locaux, toutes les activités de la Grande Ile. Mais, du point de vue colonial, la notion de « cadre » reste cruciale : « La jeunesse malgache a toujours besoin de fermes directives qui la guident en droite ligne vers ses aspirations les plus nobles parmi lesquelles se trahit assez l'espoir d'être digne du renom et de la gloire du pays éducateur »[69]. Pourtant, ce projet sera sans lendemain. Dans son journal, Rabearivelo attribue la mort de la *Revue des jeunes* à Rabemananjara : « Jacques décidé à tuer sa revue faute de collaborateurs, Rajemisa-Raoelison le plaquant là – sans doute à la suite d'un mot d'ordre de jésuites) » (OC1, p. 991). Effectivement, la revue s'arrête avec seulement la dixième livraison, en juin 1936[70].

Cette production littéraire malgache occupe une place restreinte dans la *Revue de Madagascar* et, paraît-il, dans la « vision » culturelle du Gouverneur général. Ce sont surtout les arts et les artisanats qui intéressent Cayla (d'ailleurs, ils forment le sujet du rapport de Boudry à la Commission Guernut créée par le Front populaire[71]). Le 20 janvier 1932, *Le Petit Marseillais* évoque le Congrès international des Arts décoratifs et industriels coloniaux tenu dans la cité phocéenne. Pour ce journal, le salon des Arts appliqués malgaches serait « une merveille ». Lors de son inauguration, Cayla reprend la formule de son mentor, le maréchal Lyautey : « Il ne faut jamais traiter les indigènes comme des frères inférieurs, mais comme des frères différents… Nous sommes fondés à dire qu'aux colonies plus encore qu'ailleurs, la question artisanale déborde la cadre de l'enseignement artistique »[72].

---

[69] *Ibid.*, p. 168.
[70] Dominique Ranavaison, *Jacques Rabemananjara. Poésie et politique à Madagascar*, Saint-Maur-des-Fossés, Sépia, 2015, pp. 16-28.
[71] ANOM : FM/Guernut//50.
[72] *Le Petit Marseillais*, 20 janvier 1932.

Tout comme le théâtre « traditionnel », la promotion du travail artisanal jouerait donc un rôle important dans une politique d'association visant à enrichir la Colonie tout en respectant les différences. En juin 1936, *Les Coloniaux et Anciens Coloniaux* y consacrent un numéro spécial, où Cayla explique comment « mieux comprendre l'âme d'un peuple » :

> S'il est vrai – et qui pourrait aujourd'hui prétendre le contraire – qu'une saine politique coloniale repose essentiellement sur une exacte connaissance des pays où elle évolue, de leurs traditions et de leurs mœurs et qu'en définitive tout est, en cette matière affaire de rapprochement réciproques, la protection des arts populaires doit être, dans nos provinces lointaines, une de nos principales préoccupations. L'artisanat n'offre-t-il pas un des meilleurs points de contact avec la famille indigène ?

Ainsi l'avait compris Gallieni lorsque, frappé par les dons naturels des populations des hauts plateaux de l'Imerina, il avait venir de France des dentellières et des brodeuses qui eurent bientôt des milliers d'élèves. Cayla se rappelle qu'arrivant à Madagascar pour la première fois en 1910 il fut agréablement surpris de voir les ouvrières malgaches aller de maison en maison, pour offrir aux Européennes le produit du travail familial : « Elles étaient souvent accompagnées de leurs enfants, portant gracieusement le dernier-né sur le dos, dans l'enveloppement du lamba. Bientôt le papotage allait bon train entre les mamans blanches et les autres et la sympathie s'éveillait ». Depuis lors, l'artisanat malgache avait multiplié ses conquêtes : le fer forgé, la sculpture sur bois, la peinture décorative, la poterie, les tissus de soie et les rabanes, plus récemment les tapis d'aloès, de laine mohair, « ont traduit, sous des formes diverses, l'inspiration des artisans. Et cette inspiration, loin d'être servile, est demeurée, grâce aux encouragements et aux conseils de quelques animateurs français, dans la tradition locale »[73].

Cayla nommera Rabearivelo à la commission d'organisation du pavillon de Madagascar à l'Exposition universelle de Paris en 1937, mais selon la *Revue de Madagascar*, la poésie moderne aurait du mal à s'y trouver une place :

> La Colonie élèvera sur l'emplacement qui lui a été attribué dans l'île des Cygnes un pavillon dans le style des maisons imernes des Hauts-Plateaux. Sans avoir un art autochtone aussi original et aussi répandu que certaines colonies, Madagascar possède néanmoins des artistes et des artisans capables de présenter des productions intéressantes et variées. Une étude parue dans cette même *Revue* donné les principales caractéristiques de l'art décoratif local et indiqué ses possibilités. Cet art emploie surtout comme matériaux, le bois, la corne, la soie de *landibe* et de *landikely*, le raphia, les pailles et fibres de toute sorte. La Commission s'inspirera de la production locale et fera appel aux artisans du pays pour meubler la maison malgache.[74]

Les pièces d'exposition devant lesquelles circulera le public seront occupées par des mannequins habillés avec des costumes locaux et notamment avec des lambas et pour certains des chemises de rabane, « ce qui donnera autant qu'on le peut l'illusion de la vie malgache »[75]. Des jouets animeront la chambre d'enfant et un orchestre malgache réduit, avec des instruments de musique fabriqués dans l'île, peuplera le salon de musique.

Effectivement, depuis 1934, les commissaires respectifs des colonies françaises orientent l'Exposition internationale vers « les arts et les techniques » : sur l'Île des Cygnes, entre le pont de Grenelle et le pont de l'Alma, on fera

---

[73] *Les Coloniaux et anciens coloniaux*, juin 1936, pp. 3-4.
[74] *Revue de Madagascar*, 14, avril 1936, p. 153.
[75] *Ibid.*, 155.

construire une « cité artisanale de la France d'Outre-Mer ». On remarque avec regret : « L'Exposition coloniale de 1931, qui a présenté toutes les splendeurs de la France d'Outre-Mer, n'a pas fait aux artisans la place à laquelle ils avaient droit »[76]. Côté malgache, les groupements des métiers pouvant être représentés incluraient tisserands de Tamatave, fabricants de chapeaux de Fianarantsoa, vanniers de Tuléar, peintres Hovas, et dentellières et sculpteurs sur bois et corne de Tananarive. Selon la section de synthèse, cette cité sur la Seine illustrera « développement de la connaissance de la langue française et du loyalisme français aux colonies. Amélioration de la mentalité indigène et des mœurs. Le respect des traditions indigènes et l'adaptation à la civilisation ». Après une introduction historique, exposée en raccourci, de l'histoire de la conquête, on passera à l'action de la France dans les Colonies, les répercussions de la vie coloniale sur la vie métropolitaine, et finalement à « l'influence coloniale sur le génie métropolitain. La littérature, l'art est les modes françaises inspirés des colonies »[77].

Malgré cette référence à l'influence coloniale sur la littérature française, la production locale n'a pas de place. Une « Miss Madagascar » – issue d'une vieille famille coloniale – sera désignée, mais certainement pas un poète maudit[78]. Il s'agira surtout d'une exposition de la vie indigène et de l'artisanat, sous forme d'une « Habitation d'un riche Malgache », un thème tracé par Cayla en personne.

La contribution de Madagascar à l'Exposition internationale de Paris est présentée dans un numéro spécial de *La Vie* en décembre 1936. La préface, de l'inévitable Cayla, s'intitule « Madagascar sur la route des Indes » :

---

[76] ANOM : AGEFOM//620/1020.
[77] *Ibid.*
[78] ANOM : AGEFOM//620/1021.

Avec la paix française, qui a maintenu l'ordre depuis les Hauts-Plateaux de l'Imerina jusqu'aux provinces les plus éloignées, les Malgaches ont reçu les institutions sociales et économiques qui leur ont fait franchir en moins d'un demi-siècle les principales étapes de la Civilisation. A vrai dire, leur docilité courtoise, leur finesse d'esprit, leurs dons d'observation et d'adaptation ont bientôt fait d'eux les bons artisans de l'œuvre entreprise.

La colonisation serait « une œuvre de rapprochement durable, fondée sur l'amour et le respect de l'humanité ». Le numéro contient « nos poèmes », dont « L'Emyrne immortelle » de Pierre Camo, qui vient d'obtenir le Grand Prix de l'Académie française :

> Le jour pourra couler, le présent se détruire ;
> Et l'ouragan lutter là-bas avec la mer ;
> Je saurai conserver mon calme et mon sourire,
> Et passer n'aura rien d'amer,
>
> Car il te restera toujours, Terre sauvage,
> Par tant de débris échoués sur tes bords,
> Les chants où s'inscriront mon cœur et le passage
> De ma jeunesse chez les Morts !

De belles pages sont consacrées au marché, à la chasse aux caïmans, et aux Gorges du Manambule. On apprend que « la reprise économique annoncée par le Gouverneur général Cayla s'est réalisée ». Des photographies représentent les succès de la Colonie en matière de travaux publics et enseignement professionnel. Le commissaire Gaston Pelletier explique que les idées directrices pour l'exposition sont « tradition et exotisme, mais évolution ». Dans leur contribution sur la disposition et les détails du pavillon, Marius-Ary Leblond évoque « La fleur aromatique des arts malgaches » avec deux poèmes du folklore populaire, et vont jusqu'à affirmer que « le premier des arts de la Grande Île est la coiffure »[79].

25 artistes et artisans – dont douze Français « de souche » – seront sélectionnés pour la délégation[80]. A partir d'avril 1937, ces exposants, et des caisses pleines de leurs objets, quitteront Tamatave pour Marseille. Le pavillon à l'Île des Cygnes sera inauguré par le Président de la République le 22 juillet (un mois après la mort de Rabearivelo). Cela dit, le poète – ou son fantôme – ne sera pas totalement absent de cet événement. Pour marquer l'Exposition, le service de propagande sort un numéro spécial de la *Revue de Madagascar*, qui contient une contribution de Rabearivelo et de Rabemananjara sur poésie et folklore malgaches. Cet article côtoie ceux du Docteur Fontoynot, président de l'Académie malgache, sur l'enseignement, et de Robert Boudry, sur art et artisanat malgaches.

Rabearivelo dépend du Gouverneur-Général, entre autres mécènes, afin de réaliser ses projets littéraires dans la colonie et en métropole. C'est Cayla seul qui puisse lui octroyer l'aide nécessaire pour publier, monter des spectacles, et, finalement, visiter enfin sa source d'inspiration, la Ville Lumière. Par conséquent, Cayla devient un objet de sollicitation, mais aussi de ressentiment. En privé, Rabearivelo porte des jugements sur le Gouverneur-Général qui sont bien négatifs. Et le 6 mai 1933, il contraste Cayla avec l'ancien chef district qui l'a invité à l'accompagner sur son voyage au « pays natal » des Malgaches.

> Ma pensée vogua à travers les mers et cherche je ne sais quels nids d'oiseaux inconnus au cœur des palmes océaniennes...
> Gauguin et les Vahinés – le peintre et mes ancêtres dans un

---

[79] *La Vie*, 15 décembre 1936.
[80] ANOM : AGEFOM//620/1027.

décor végétal et parmi des friselis de pagnes sur lesquels a juté la pulpe des fruits du Tropique natal... Vif désir de relire les *Lettres des Iles-Paradis* (*Lettres des mers du Sud* de Stevenson) tandis que, d'une main, se feuillette tel album d'estampes... Alors, au fond du cœur, s'élèvent les strophes paniques mais voilées de la Reconnaissance à Paul Gauguin. Alors aussi mes yeux s'embuent et s'illuminent à la fois puisque je crois assister aux choses oubliées du Grand Principe : voiles de boutres claquant au vent, chants et danses malais sur la mer... peut-être pour exorciser les dieux de l'élément liquide. Une langue encore pure, celle de la tribune, qui ne sera jamais plus retrouvée mais que les Poètes auront pour mission de mallarmiser, pour peu qu'ils aient le désir de survivre. Montagné, qui est grammairien, une fois qu'il sera sur les lieux, réussira-t-il là où les Chantres ont failli pour s'être trop – uniquement – attachés à la seule ambiance et à sa splendeur ? Le grammairien est un savant. Rarement les Savants sont allés au cœur des choses pour en ressortir – comme les plongeurs de la mer – avec des trouvailles de prix. Les Savants n'ont rejoint les Poètes que fort rarement. Mais alors, de part et d'autre, ce fut (c'était, c'est) un miracle pur. Ô Montagné, je vous souhaite tous les biens, toutes les fortunes possibles ! Je souhaite que le Savant en vous s'abolisse pour laisser libre cours au Poète : de telle courbure de hanches, de tel contour de fruit reconnu, de telle syllabe repérée aux lèvres des MIENS là-bas, puissiez-vous retrouver ce qui a été et ce qui DEVRAIT, DOIT ETRE. (OC1, 90-91)

Le 24 octobre 1933, il note avec désespoir :

Est-il vrai que Montagné est sur le point de revenir à Madagascar ? et qu'il sera sous peu notre Gouverneur général ? Il me l'aurait écrit, et je serai le premier à le savoir. Dans tous les cas, j'en tremble pour lui tellement les mœurs coloniales sont « bêtes »... ce qui ne serait rien si elles n'étaient aussi « venimeuses ». Le soleil – qui tourne vin, lait et bien d'autres denrées encore – tourne surtout les têtes ! (OC1, 269)

En réalité, Montagné ne reviendra pas à Madagascar. Il sera gouverneur de l'Océanie, avant d'être muté au Togo. Léon Cayla reste donc l'interlocuteur incontournable du poète.

Dès le début de pages que l'auteur n'a pas détruites, *Les Calepins bleus* indiquent des tensions entre le poète et le Gouverneur général. Le 14 septembre 1933, Rabearivelo évoque une entrevue de Vidalie avec Cayla où celui-ci l'interroge sur l'hygiène de vie de l'écrivain :

> - Rabearivelo a beaucoup de talent, a dit le Proconsul, il a cependant deux périodes très différentes dans sa littérature.
> - Moi qui ai fréquenté beaucoup de maîtres – tels que Verlain et Ponchon, a répliqué Vidalie, je comprends bien cela. Mon ami d'agit pas autrement que ces gens, après s'être saoulé, il fait des merveilles.
> - Rabearivelo ne boit-il donc pas ?
> - Si, mais quelquefois seulement…
> Et tout le reste de la conversation s'est, paraît-il, nourri de ce sophisme qui n'honore personne et qui jette même toute une lumière significative sur l'ignorance de ces deux interlocuteurs en fait de Poésie.(OC1, 215)

Le 14 octobre 1933, Rabearivelo porte un jugement assez condescendant sur la personnalité de l'homme à poigne de la colonie, et met en doute son attachement affiché aux Arts : depuis Denys l'ancien, un tyran grec aux prétentions de poète (qui entraîneront sa mort), « les Grands Hommes dont nous sommes affligés n'ont guère changé » (OC1, pp. 252-253).

Mais le poète cherche l'attention et, avec cela, le soutien, du Gouverneur. Le 22 août 1934, il exprime son exaspération :

> L'attitude du Gouverneur général est incompréhensible et ses desseins impénétrables – comme ceux de Dieu… et le parallèle n'est guère osé puisque aussi bien l'homme dont il s'agit préside à nos destinées, à celles de la Colonie. On dirait

qu'il commet à volonté, à plaisir ; gaffe sur gaffe. Ce fut d'abord en se débarrassant de maint serviteur dévoué qui avait cessé de plaire. (OC1, p. 599)

Après une série de rendez-vous ratés, il soupire : « Vraiment, M. Cayla est un capitaine impénétrable... » (OC1, p. 600).
Là il s'agit de la cantate, *Imaitsoanala. Fille d'oiseau.* Le 1 novembre 1934, Rabearivelo note qu'il a enfin réussi à rattraper le « pro-consul », qui lui annonce une nouvelle surprenante :

> Il accepte ma cantate ; il accepte aussi toutes mes conditions à propos de la publication de cette petite chose à laquelle je tiens tant. Je dois l'aller voir encore demain dans l'après-midi. Tout ceci, tout cela me laisse rêveur et soucieux. Pourquoi, diable, repense-t-il à moi avec tant de sollicitude à la fin de son règne ? Pourquoi pas plus tôt ? Et me voici prédestiné à être mal vu de celui qui le remplacera à la tête de la Colonie, tant il est vrai que... Il est vrai aussi que je n'ai jamais rien sollicité auprès des Puissants de cette Terre. Là est peut-être ma consolation. (OC1, p. 647)

Rabearivelo apporte donc au Gouverneur général la maquette de la couverture des tirés à part de son *Imaitsoanala*. Le 3 novembre 1934, le poète est chez Boudry, où il lui fait le récit de ses rencontres avec Cayla. Boudry, en apprenant la cordialité de ces réceptions et leur but, s'étonne :

> - Mais quoi ? En serait-il à adorer ce qu'il a brûlé ? Il demande ce que, précisément, il a toujours refusé avec éclats, ne l'ayant jamais compris !
> Je haussai mes épaules en riant presque bruyamment.
> - Profitez-en ! profitez de ce revirement inattendu vers les choses de l'art pur en votre faveur, me dit le poète. (OC1, p. 649)

Entre-temps, le Gouverneur général s'est envolé pour faire un tour de sa colonie. En conversation avec Paula, une maîtresse européenne, Rabearivelo ironise sur les exploits de ce « Virgile volant ». La tournée aérienne de M. Cayla, et surtout son accident de Fort-Dauphin, auraient fait de lui un objet de moquerie : « Et c'est justice, avec ceci au moins que tant de courage, s'il frise le cabotinage, est tout même digne d'éloges. Mais on ne voit guère que le côté voyant et ridicule de la chose. C'est encore, je le répète, justice. C'est, au moins, humain ». A propos de cette tournée aérienne, Rabearivelo raconte une anecdote :

> Les indigènes habitant les abords des régions désertiques attendaient l'arrivée du Chef avec cette presque religiosité qui leur est coutumière en pareille circonstance. Le vrombissement des appareils se fit attendre en son temps – mais les « oiseaux d'acier » ne s'arrêtèrent pas. Alors le *fokonolona* de demander à leur 'Strateur.
> - Le *Rayamen-dreny* ne descendra-t-il pas ?
> - Non ; mais je suis ici à sa place. Lui, le « Père-et-Mère », est là-bas, là-haut, eu ciel.
> Et tous (des chrétiens d'hier étant parmi eux) de tomber à genoux, de lever les yeux vers l'azur et prier :
> - Notre Père qui êtes aux cieux…
> Pas mal adapté, ce Pater ! (OC1, p. 656)

Mais Rabearivelo cherche toujours la largesse de ce Virgile volant. Le 24 février 35, il écrit, angoissé : « Le succès couronnera-t-il nos efforts ? Sans doute – puisque, comme meneur de jeu, en la personne d'un parfait cabotin, nous aurons un homme qui s'y connaît en théâtre, en faisant quotidiennement et presque comme en respirant. J'ai nommé le Gouverneur » (OC1, p. 777). Superstitieux et morbide à souhait, le poète est frappé par la nouvelle de la mort de Georges Renard, gouverneur général de l'Afrique équatoriale française, dans un accident d'avion au Congo-Belge. L'année précédente avait vu également la mort d'un autre vice-roi français, Pierre Pasquier, gouverneur général de l'Indochine. Rabearivelo cache mal ses mauvaises pensées :

> Et ce que nous souhaitons ce jour-là vient de se réaliser – mais dans une autre colonie que la nôtre. Et alors, nous n'allons rien voir de nos yeux de l'« obséquieuse solennité obscurément désirée… Qui sait pourtant ? Ne dit-on pas aussi : « jamais deux sans trois » ? Et nous avons, pour reprendre la ronflante expression des Leblond, un Virgile de l'espace… Qui sait ? Qui sait si… (OC1, p. 798)

Le projet de la cantate risque encore d'échouer. Le 17 septembre 1935, Rabearivelo est de retour chez le « Gobernador » :

> - M. Cayla m'a dit franchement qu'il n'aimait pas ma cantate – qui était déjà composée et dont il ouvrait la morasse devant lui.
> - Maintenant seulement ? Il y'avait pourtant dit l'avoir lue en manuscrit et en être enchanté.
> - J'ai eu le front de le lui rappeler – avec un tact qui m'étonne encore moi-même mais qui l'a fait quelque peu tressauter. Il m'a répondu : - Je l'ai tout simplement parcourue.
> - Bon.
> - Il a ajouté :
> - Non je ne suis pas du tout emballé – je ne comprends pas, et d'ailleurs il n'y a rien à comprendre.
> - J'ai de mon mieux défendu mon œuvre.
> - Et pourtant, reprit le Gouverneur, je vous assure que je suis maintenant en état bien particulier de comprendre la poésie la plus ardue : je suis à relire Rimbaud, les *Illuminations* !
> - Cette déclaration m'a assis – je l'étais cependant, comme bien l'on pense, depuis mon entrée.
> - Pourquoi, me disais-je, pourquoi ce parallèle entre le Voyant et moi ? Mais surtout, mais surtout, qu'y avait-il de particulier entre les *Illuminations* et *Imaitsoanala* : les premières, une œuvre strictement VOLONTAIRE (encore que reçue des Dieux), et l'autre un DON DES MORTS ? (OC1, p. 905)

Malgré l'arbitrage favorable de Boudry, le Gouverneur s'avère toujours hostile à la publication de la Cantate dans la *Revue de Madagascar* « ce dont, ai-je dit à mon ami, je ne me porterai pas plus mal, tenant ce périodique (qui n'a que son vain luxe) en grippe » (OC1, p. 907). Le Gouvernement général passera pourtant un traité avec lui pour acquérir son œuvre qu'il éditera pour son usage personnel. Le contrat avec la Colonie est signé, mais les incertitudes n'y finissent pas : les exemplaires tardent à être livrés. Un mois plus tard, le poète démuni se plaint de ne pas avoir été payé (OC1, p. 949). Mais Rabearivelo finira par recevoir ses exemplaires et son argent. En plus, le 16 janvier 1936, notification lui est faite le désignant comme membre de la Commission chargée de préparer la participation de la Colonie de Madagascar à l'Exposition de 1937, une décision qui soulève chez le poète espoirs et craintes : « Je n'appréhende, pour ma part, qu'une chose, celle-ci : qu'une guerre – pire : qu'une conflagration mondiale éclate, comme on a tant de droit de s'y attendre, et de ce rêve déjà caressé avec amour ne restera plus qu'une poignée, qu'une pincée, de cendres ! » (OC1, p. 981).

Cela dit, Cayla reste pour le poète une énigme dont les caprices peuvent faire peur. Le 10 avril 1936, celui-ci s'interroge :

- Que veut, en vérité, notre Gouverneur ?
- Quelles arrière-pensées nourrit-il… peut-être en souriant… mais uniquement s'il est intelligent et fort ?
- Ou bien y va-t-il les yeux fermés, les oreilles closes et poussé par la seule reconnaissance calibristique (pénis dans le lexique rabelaisien) ?...
- Il est vrai que, dans un mois, c'est-à-dire, à la rentrée du marlou Faurec (conservateur du palais de la Reine), le Gouverneur ne sera plus dans nos eaux.
- Que se passera-t-il alors ? Qu'y aura-t-il ? Que verrons-nous ? (OC1, p. 1020)

Le 1 mai 1936, le Gouverneur quitte Tananarive pour le port de Majunga, en direction de la métropole. *Les Calepins bleus* indiquent que le poète se sent menacé d'être abandonné par ce mécène :

> - Une foule immense, paraît-il. N'y suis pas allé. Me contenterai de lui écrire à Majunga. Une lettre qu'il lira au moment de quitter Madagascar. Et déjà des cons sont venus me dire que je ne suis plus rien ! Mon Dieu ! c'est comme si cet homme qui s'en va ne m'avait jamais bien compris ou qu'il eût fait ce qu'il m'a fait en connaissance de cause et le cœur léger ! Il n'en est pas moins vrai que je lui dois quelque chose, même beaucoup – mais seulement parce que M. Cayla mord volontiers dans le gigot-de-chien… (OC1, p. 1031)

Rabearivelo envoie enfin sa lettre à Cayla, en rade à Majunga. Cette missive semble faite pour narguer le Gouverneur général : « Un vaste charabia. Au moins six fautes volontaires de français. Qui fera plaisir à ce juif de Romain. Ho ! ho ! Et moi, sais que je m'en foule. Hi ! hi ! » (OC1, p. 1033). Effectivement, Rabearivelo semble perdre l'espoir de réaliser ses rêves. Une semaine plus tard, il note : « Dégoût de tout, de tous et de toutes. Sauf de soi-même » (OC1, p. 1033). Le 3 novembre 1936, il écrit : « Trois ans déjà ont fini leurs cours… Et moi, dans mon dénuement… Pas un cierge… Si, un bout » (OC1, p. 1053).

Le retour de Léon Cayla ne met pas fin à l'incertitude dont souffre le poète. Le 19 janvier 1937, il adresse au Gouverneur général une liste de demandes :

> Si c'était un effet de votre bonté, je désirerais aller en France, aux frais de la Colonie en vue de l'Exposition de cette année. Au sein du Comité de préparation de ladite Exposition, il ne serait peut-être pas tout à fait inutile de ma part, de rappeler qu'il y a un an vous eûtes la générosité de me nommer. Un séjour de ce genre dans ma patrie intellectuelle Monsieur le Gouverneur général me

profiterait beaucoup, d'autant que, cette année, je me présenterai devant les grands jurys littéraires. Je pourrais alors, grâce à vous, faire moi-même les visites d'usage et prendre contact, directement, avec mes juges ou pairs. Que, comme j'ose l'espérer, je parvienne à mes fins et obtienne les lauriers que je brigue, ne voilà-t-il pas, M. le Gouverneur général de votre Colonie, une fois encore après le succès éclatant remporté l'année dernière par mon bon maître Camo, bien à l'honneur, bien à l'évidence ? Il est vrai que mes prétentions, pour mon départ éventuel, sont quelque peu grandes – je vous les donne ci-après, à toutes fin utiles, et m'expliquerai, d'ailleurs, brièvement après.

a) Un voyage en 1re sur havraise.

b) De l'argent de poche avant le départ (je suis si mal nippée et n'ai personnellement rien en dehors de mes écrasantes charges).

c) 150 fr par jour – dont 100 pour moi et le reste délégué à ma famille qui resterait sur place. (OC1, pp. 1142-43)

Il n'y aucune trace d'une réponse à cette lettre dans les papiers du poète ni dans ceux du Gouverneur général. Mais il n'y aura pas de séjour parisien. Malgré son appartenance à la commission d'organisation pour l'Exposition universelle, Rabearivelo n'est finalement pas désigné comme membre de la Délégation malgache. La Colonie préfère y envoyer un groupe d'artisans. Cependant, le 15 juin 1937, il reste chez ce poète, en proie à de nombreuses difficultés matérielles, « un immense désir, déjà formulé au Gouverneur, de devenir fonctionnaire. Non, certes, ni le Pactole ni une sinécure – mais, au moins, au plus, le calme, la paix, parmi des monceaux de papier... » (OC1, p. 1061). Faute de qualifications – il avait claqué la porte aux Pères en 1916 –, Rabearivelo se voit refuser cette situation si convoitée.

Le Gouverneur général peut se passer du Poète. En avril, Cayla revient d'un long séjour en métropole. *La Dépêche de Madagascar* s'extasie : « Un Chef revient… Au milieu du plus grand enthousiasme, la colonie fête le retour du Gouverneur général ». Il y a des « manifestations de joie de toute la population » aux Comores, puis à Majunga[81]. Il s'ensuit une tournée triomphale dans la Colonie. *La Presse coloniale* du 12 mai 1937 évoque une « Inoubliable Manifestation de Loyalisme » :

> Quand M. Cayla eut mis le pied sur le quai de la gara de Tana, c'est comme si Madagascar tout entière s'était jetée à son cou. Les plus humbles *bourjanes* malgaches avaient réussi à pénétrer sur le quai pour contempler de tous leurs yeux le chef qui revenait. Les lamba s'étaient démocratiquement mêlés aux robes claires des dames et des jeunes filles, aux complets ou aux uniformes des hommes. Et personne ne trouvait cela déplacé.[82]

Avec ces manifestations de loyalisme, Cayla semble donc réussir une « association » heureuse des populations.

Le « monarque » de la Colonie, ce « juif de Romain » si sollicité – et si honni – ne satisfera donc pas les demandes de plus en plus désespérées du poète indigène. En 1957, Robert Boudry fait un réquisitoire contre le Gouverneur général et sa « Cour », lui imputant une part de responsabilité dans le trépas de son ami poète. Selon Boudry, Cayla connaissait bien Rabearivelo, « fleur rare produite par la colonisation », et aurait pu utiliser son pouvoir pour la faire s'épanouir davantage :

> Madagascar prépare sa participation à l'Exposition universelle de 1937 et, marque de faveur, le Gouverneur général a désigné le poète pour faire partie de la Commission

---

[81] *La Dépêche de Madagascar*, 24 avril 1937.
[82] *La Presse coloniale*, 12 mai 1937.

d'organisation. Il est question d'envoyer des Malgaches pour représenter l'Île à Paris. Déjà, en 1931, à l'occasion d'une exposition analogue, Rabearivelo a posé sa candidature à un voyage de ce genre, mais il n'a pas été agréé. Qui serait mieux qualifié que lui ? Il est l'intellectuel malgache le plus en vue de la jeune génération, sa notoriété dépasse les rivages de l'Ile. On n'en voit pas qui représenterait mieux à Paris que lui la réussite coloniale de la France. Le Gouverneur général se pique de protéger les arts et les lettres. Le moment est venu pour lui d'ajouter à son rôle de César Auguste celui de Mécène.

Comme nous l'avons vu, Rabearivelo écrit donc à Cayla pour demander un voyage à Paris qui lui procurerait « un tout petit semestre de quiétude ». Mais le Gouverneur général n'a malheureusement pas la même optique que lui :

> A quoi lui servirait d'envoyer en France un poète qui ne s'occuperait que de lui-même ? La question d'aider ou d'encourager un intellectuel malgache qui représente le plus grand succès de la France dans l'île n'effleure même pas son esprit. Pour lui il faut envoyer en France des gens qui susciteront la curiosité des visiteurs et leur plairont. Il préfère à Rabearivelo des artisans des Ateliers d'art appliqué malgache, sorte de manufacture qui sert de paravent artistique à sa propagande. Ils constitueront une attraction pour le pavillon de Madagascar en exécutant sur place certains travaux. Rabearivelo tombe de haut. Il se sent trahi, abandonné, humilié par le premier des Européens. Une fois de plus le Gouverneur-Général ne le comprend pas, ne veut pas le comprendre.[83]

Bien entendu, ces remarques de Boudry sont faites rétrospectivement, deux décennies plus tard : les obligations professionnelles auraient obligé ce haut fonctionnaire à se censurer. En outre, les papiers de Léon Cayla ne font aucune référence à Rabearivelo. Il nous est

---

[83] Boudry, *Jean-Joseph Rabearivelo et la mort*, p. 70.

donc seulement permis de spéculer sur les raisons de l'absence de Rabearivelo de l'Exposition parisienne qui aurait comblé ses vœux. Mais vu le fait que le Gouverneur général met tant d'accent sur les arts et les artisanats traditionnels de Madagascar, et que son seul grand geste de générosité vers le poète est pour soutenir la cantate (jouée en malgache), il nous paraît logique que la Colonie consacre son budget en priorité à des fabricants de meubles qu'à un poète d'avant-garde trempé dans le symbolisme français aussi bien que dans les vieilles chansons de l'Imerina.

Mais si le malaise croissant et chronique de Rabearivelo se doit à un grand nombre de facteurs, l'échec de ses rapports avec l'administration coloniale semble pousser au paroxysme la crise identitaire de ce Malgache au contact de la France. Le 22 juin 1937, jour de son suicide, Rabearivelo note dans *Les Calepins bleus* :

> Ce n'est pas drôle : un Latin né parmi les Welches[84], et avec les traits d'un Welche – ceci soit dit sans moquerie aucune. Imaginez, en renversant les rôles, Jésus européen (origine, traits, etc.) Et cela, c'est moi : impérieusement, violemment, naturellement latin chez les Mélaniens. Et avec les traits de ceux-ci. Non, ça ne peut pas continuer ainsi. (OC1, p. 1062)

A l'instar de Ratovo, interprète dans *L'Interférence*, ce Mistral malgache semble condamné à périr sous les flots.

---

[84] « *Welches* : terme de mépris signifiant « grossier, inculte, barbare », que Rabearivelo réserve volontiers à ses compatriotes et surtout aux « bourgeois » de Tananarive, mais aussi aux colons prétentieux et ignares. Le mot allemand *welsch* désigne les étrangers » (OC1, p. 1062).

Mort d'un Mistral malgache

Traduit de la nuit traite de la traduction au sens le plus large : non seulement entre langues ou cultures. Chaque poème traduit le mystère de la nuit, qui symbolise elle-même une expérience de l'au-delà. Ce recueil est dédié à Fagus, Marcel Ormoy et Robert-Jules Allain, trois poètes qui ont en commun de mourir jeunes. Le motif dominant est la métamorphose de la nuit en le jour et vice versa. Dans ce paysage nocturne, la prairie des cieux est en dialogue avec celle de la terre, la vie avec la mort, le poète avec ses ancêtres. La poésie articule le renouveau incessant de la vie dans les cycles naturels. Les poèmes sont remplis de frères errants, d'oiseaux incolores en vol, de reines sans visage rôdant la terre, d'ombres et de fumée. Rabearivelo traduit de la nuit un sens de l'éphémère et la tentation de faire l'ultime voyage évoqué par Baudelaire à la fin des *Fleurs du mal*.

Effectivement, la fin s'approche. 1931-1932 peut être considéré comme l'*annus mirabilis* de Rabearivelo, donnant le jour à des vers mémorables écrits à l'intersection de deux langues. Selon Serge Meitinger, cette année marque « une acmé dont il sera difficile au poète de redescendre » (OC2, p. 701) ; Rabearivelo « vit douloureusement un réel tarissement de son inspiration poétique » (OC2, p. 709). Une prise de conscience de cette crise de créativité pourrait expliquer ces vers dans « Aux Muses », écrits déjà le 1 juin 1932 :

> M'auriez-vous délaissé, belles Muses de France,
> O mes sœurs adoptives,
> Vous qui fûtes toujours ma plus chère espérance
> En terre d'Iarive ? (OC2, p. 411)

Bientôt après, Rabearivelo est atterré par la maladie puis la mort de sa fille Voahangy, qui tombe victime du piètre système de santé réservé aux indigènes aussi bien que de la médecine traditionnelle, ce qu'il évoquera dans une nouvelle, *Un Conte de la nuit*. Ensuite, il tombe gravement malade. Son attention se tourne de plus en plus vers ses *Calepins bleus*, bien qu'il ne renonce pas à la poésie : pendant sa convalescence, il écrira *Galets*, où il chante « ces beaux cailloux lisses comme la santé ! » (OC2, p. 710). Mais force est de constater que, dans ce recueil, il se passe de la langue et du monde malgache. Serge Meitinger constate : « Un sens singulier du mystère y balaie les particularités locales au profit d'une intériorité secrète : ce chant a-t-il encore une patrie ?... Antée arraché à la terre, à sa mère, ne va-t-il pas rester en suspens en plein ciel et mourir dans les étoiles ? » (OC2, p. 702). Dans le premier poème du recueil, il salue Gongora et Rilke : « vous élargissez mon horizon » (OC2, p. 711). Il s'identifie à un « peuple d'ombres, mes amis,/vous dont les lèvres ne sont plus/que des pétales réduits en cendres » (OC2, p. 714), et se demande : « éteint est-il à tout jamais,/mon sang d'obscur Océanien,/et d'ancien nomade de l'océan ? » (OC2, p. 719). Il n'y aura nul retour aux sources : « moi/chassé de la vie/puis chassé de la nuit/-entre ces deux mondes -/je te fiance/ô peuple d'ailes/à celui des feuilles ! » (OC2, p. 722). Il semble anticiper la « mort aérienne » dont parle Meitinger : « demain,/réalisé,/et prolongé,/perpétué,/dans l'aspect formel des choses,/le rêve des arbres,//oh, quelle continuité encore/dans l'ambitieux assaut du ciel ! //Et ce sera/du destin nourri de sèves » (OC2, p. 728).

Nous avons vu que Rabearivelo s'éloigne des intellectuels malgachophones après la « retrouvaille » des « valeurs perdues ». Il se brouille aussi avec son principal mentor poétique francophone. En 1947, Camo raconte :

> Je n'ai jamais rien su des désordres des derniers temps de sa vie... 1933 : arrêté pour n'avoir pas acquitté son impôt personnel : intervention pour le faire libérer parler en personne au maire de Tana... déception de ne pas se faire envoyer à l'exposition coloniale de 1931. Tout ce que je constatais, après mon retour là-bas, en 1932, c'est qu'il était devenu ombrageux et extrêmement susceptible, que sa confiance en moi semblait diminuée... Il fut nommé à l'Académie malgache, je l'ai présenté à Pierre Benoit et Maurice Martin du Gard, demandé à Cayla de le présenter pour les palmes académiques... Une autre fois, 'intéressant au cas des gens qu'il croyait injustement condamnés par un tribunal indigène, il me demanda d'étudier moi-même leur dossier et de soumettre l'affaire à la cour d'appel ; je m'y appliquai pour constater malheureusement que la culpabilité était prouvée. Mais je ne pus lui faire comprendre. Il prenait volontiers ses désirs pour des réalités et était naturellement porté à tenir pour vrai ce qu'il avait imaginé comme tel. De là, évidemment, bien des déceptions.[85]

En décembre 1933, Camo est absent du cortège funèbre de Voahangy, mais Rabearivelo note dans son journal qu'il avait envoyé à la famille « une belle et émouvante lettre de condoléances et d'excuses » (OC1, p. 284). Pourtant, quinze jours plus tard, il évoque avec amertume la réaction de Camo à un papier qu'il avait signé dans *La Tribune* sur la chanterie malgache. Des lettres sont échangées, sans, pour autant, vider la « querelle ». Rabearivelo en vient à conclure : « La vérité dans tout ceci, à mon avis, est que Camo souffre de son exil : le soleil est meurtrier en Imerina – et les gens qu'il y fréquente ne sont nullement faits pour l'en consoler. Au contraire... » (OC1, p. 297-8). Début mars 1934, il paraît que Camo ait manifesté, auprès des diverses troupes théâtrales de Tananarive, le désir d'assister à une soirée organisée par tout le monde, avant son départ, en son honneur. Rabearivelo n'est pas sur la liste des invités. A propos d'un autre article, il écrit à Camo : « C'est

---

[85] Camo, « Jean-Joseph Rabearivelo et moi ».

tout mon cœur, c'est toute mon âme et, pour tout dire, ce sont près de treize années 'amitiés et d'enseignements que je désire mettre dans l'article en langue malgache... Refuseriez-vous cela ? Alors je serai le plus malheureux des hommes ! ». Encore une fois, une entente semble impossible :

> Tout à l'heure, à l'Académie où j'étais allé exprès pour le voir, Camo m'a nettement refusé l'imprimatur d'un essai en langue malgache sur son œuvre de poète. Cela m'a vivement blessé – d'abord. Je « perpétrais » de rompre à tout jamais avec lui. Je souhaitais même, à part moi, sa mort – mais pour qu'il entrât vite dans l'immortalité, et pour que je n'eusse plus à le considérer comme un ennemi. (OC2, p. 421)

L'ami dépité se demande : « N'était-ce pas à cause de tous ces « conflits intimes » que je me sentais si malade ces temps-ci ? » (OC1, p. 422)

Rabearivelo refuse d'assister à des vins d'honneur au poète. Aussitôt rentré, il biffe son nom sur son carnet de services. Mais il n'y a pas que Camo :

> Me voici seul dans le monde – avec, au-dessus, ce ciel tant redouté des Romains, et, sous mes pas, cette terre que j'appelle de tous mes vœux. Te voici seul au monde, Bear – qui avait trop compté, qui comptait trop sur l'Amitié (que tu t'obstines toujours à orner d'un grand a) et qui en connaît maintenant et toute l'inconsistance et toute l'inanité ! Tous te fuient et te renient. Abandonné par Paula. (OC1, p. 436-437)

C'est donc avec un mélange d'amertume et de tristesse qu'il réagit à la nouvelle du départ définitif de son ancien mentor pour la France métropolitaine :

> J'ai tout fait pour éviter cet homme aigri et j'ai réussi à ne point le voir ni le rencontrer. Il est parti sans que nous nous fussions rendre visite, ni échangé de lettre d'adieux... Camo

est parti, et le fait que j'ai poussé ma « sauvagerie » jusqu'à ne pas aller lui serrer la main ne dit nullement que, du fond de mon cœur, je ne lui souhaite pas tous les biens possibles et impossibles. (OC1, p. 452)

Si, depuis 1934, Rabearivelo s'éloigne des intellectuels malgaches les plus militants, il continue à poursuivre avec acharnement son travail de passeur de langues et de cultures, par ces pièces de théâtre, comme nous l'avons vu, mais aussi par le projet de réécrire l'histoire du peuple malgache, et par la collecte et la traduction de *Vieilles Chansons des Pays de l'Imerina*. Lorsque, en 1934, Maurice Martin du Gard rencontre Rabearivelo, le poète ne donne aucun signe de son trépas imminent :

> C'est vous dire que j'ai du goût pour Rabearivelo qui, pour rien au monde, n'abandonnerait le culte des ancêtres et en fit le don même de ses plus beaux vers, écrits dans un français très musical et très pur. Rien n'est doux comme de l'entendre fiancer à sa langue adoptive l'esprit de ses aïeux et de sa terre endormie. Les épaules étroites et timides, un vaste front de cuivre sous une chevelure terriblement noire et ébouriffée, c'est l'amoureux le plus jaloux de l'Afrique à la fois, de l'Inde et de l'Europe. Au flanc des tombeaux d'Iarive, de ses petites mains agiles, il soigne les rosiers et les fait fleurir.[86]

Martin du Gard raconte ensuite comment Rabearivelo a quitté les Frères pour Baudelaire, et évoque ses ennuis matériels et brouilles avec l'impôt. Ils passent au sujet de Paul Valéry et de la poésie en général. Le Malgache déclare au journaliste français de passage :

> Presque tout le monde ici fait des vers, l'hexamètre latin pour rythme. Au début du XIXe siècle, nous avons commencé à apprendre le latin, le grec, l'hébreu et notre petite source s'est épanouie en s'occidentalisant grâce aux pasteurs

---

[86] Martin du Gard, p. 60.

anglais qui donnaient des leçons de poétique aux futurs pasteurs indigènes. Le monument de l'ancienne poésie malgache, soit dit en passant, est la traduction de la Bible. Aujourd'hui, les Jésuites nous blâmeraient volontiers d'utiliser la rime et la césure, pour eux la langue des Hovas est suffisamment musicale, et je suis bien de leur avis. J'ai traduit de nombreux vers de vos poètes, et j'écris directement en français. C'est la langue unique, inoubliable, universelle : le cœur, la raison, la musique, elle permet tout, elle clarifie tout, elle humanise... [87]

Malgré leurs différences esthétiques et politiques – quoique de droite, Du Gard n'est pas maurrassien – le voyageur de France arrive à cette conclusion optimiste sur son interlocuteur :

Si Hova signifie homme libre, mon camarade en est un. Pour lui ce mot serait également synonyme de changé ; et tout est changé à Madagascar, du moins à Tananarive, il le sait mieux que quiconque. En souffre-t-il ? Je ne le crois pas, mais il est heureux que la France ordonne et pare son inspiration poétique, il ne la tient pas quitte pour cela, et il a confiance avec moi qu'elle mènera sa race, qui allait s'éteindre, à un stade de civilisation tout à fait digne de l'homme. Quant à sa religion, elle est toute simple : rester honnête, croire en l'éternité, ne jamais oublier ses morts, - les morts auxquels ici nous reviendrons toujours.[88]

Après la convalescence de Rabearivelo, on pourrait même parler d'un « regain » : l'année 1936 voit le succès public d'*Imaintsoala*, la sortie enfin de *Chants pour Abéone*, et la naissance d'une fille, Velomboahangy. Selon Claire Riffard, « cette vitalité touche également son engagement politique, dont le conservatisme se radicalise en un soutien vibrant à l'année nationaliste de Franco, qui est aux portes de Madrid » (OC2, p. 733). Comme nous

---

[87] *Ibid.*, p. 62.
[88] *Ibid.*, p. 63.

l'avons vu, cette période voit Rabearivelo transférer ses affinités sur « España inmortal/Terre plus double que la mienne » (OC2, p. 742) et cette langue enrichit certains de ses derniers poèmes. Mais la mémoire de Voahangy le hante encore dans un poème inédit, « Anniversaire » : « pour sa fête,/rien, hélas ! que ce thrène/balbutié devant un ciel/pluvieux et sans étoiles/qui puissent ressusciter/son regard à jamais clos ! » (OC2, p. 756-7). Les soixante cahiers reliés pour sa version malgache d'*Ulysse* restent vierges. « Le Buste », composé en avril 1937, est le dernier texte poétique écrit par Rabearivelo avant la date fatidique du 22 juin. S'inspirant de vers de Théophile Gautier – « Tout passe – l'art robuste/seul à l'éternité,/Le buste/survit à la cité », le poète semble anticiper, ou du moins espérer, un destin posthume.

Dans ses essais, Rabearivelo continue à plaider en faveur de la possibilité d'une littérature malgache qui trouverait sa place dans une littérature mondiale. Dans « Îlots de poésie », il écrit : « Les poètes du monde entier nous aideront… à retrouver l'Enfant perdue et à la rappeler chez nous. Parallèlement, nous utiliserons le folklore des diverses tribus qui peuplent notre pays – ce folklore qui, jusqu'ici, était comme honteux de n'être que folklore auprès des versificateurs » (OC2, p. 1426). Plus généralement, dans « L'Orient appelle », Rabearivelo arrive à une conclusion optimiste : « Le progrès humain… sera l'inter-entendement, l'inter-compréhension comme le voulut le Christ, comme le voulut Mahomet » (OC2, p. 1433-4). L'avenir de Madagascar, et donc de l'humanité, dépendrait de ce que nous appelons aujourd'hui « translinguisme » et « transculturation ».

Mais cette recherche de l'inter-entendement implique une déchirure profonde et peut-être inguérissable. Comme nous l'avons vu, malgré les efforts d'amis importants, Rabearivelo n'arrive pas à trouver un poste dans l'administration coloniale, et se voit exclu de la délégation malgache à l'Exposition internationale de Paris. Ajoutons à ce cocktail fatidique les effets de l'abus systématique d'alcool et de drogue, la hantise de la mémoire de sa fille morte, et une fascination de longue date pour les morts violentes et prématurées d'écrivains. En avril 1937, il achève ses transcriptions des *hainteny* de l'Imerina, sa « défense et illustration » du « Verbe de ses morts ». Le 22 juin 1937, précisément six années après le début de son *annus mirabilis*, Rabearivelo s'anésthésie avec la quinine avant de s'empoisonner avec le cyanure.

Dans les dernières pages de son journal, il plaint une vie qui est devenue trop « rebelle » et se compare à d'autres poètes maudits. Il est à l'âge de Charles Guérin et de Léon Deubel, et (abusivement) « un peu plus vieux que toi, Rimbaud anté-néant… » (OC1, p. 1063). Il a une dernière demande pour son cher Boudry : « Tâchez aussi de faire acquérir par la Colonie mes *Vieilles Chansons des pays d'Imerina*. Merci ». Le poète se sent emporté par les doses de cyanure :

- Ça sonne, ça sonne
- Fermer les yeux pour voir Voahangy et commencer les adieux silencieux
- Aux chers vivants. Parents. Amis
- J'embrasse l'album familial.
- J'envoie un baiser
- Aux livres de Baudelaire
- Que j'ai dans l'autre chambre. (OC1, p. 1066-67)

- Avant ce dernier geste, Rabearivelo avait préparé (déjà en 1934) des lettres à amis et correspondants ; y compris Jacques Rabemananjara, à qui il passe « le flambeau », et Robert Boudry, qu'il nomme exécuteur testamentaire. Il écrit ainsi à Boudry :

Quand vous recevrez cette lettre, je ne serai plus qu'une poignée de cendres à rendre à la terre. Je quitte délibérément la lutte, la vie – cette immense philosophie. Délibérément et sans amertume, comme sans rancune. C'est, je peux le dire, le bonheur entrevu que je m'en vais, et je meurs, devant cette terre promise, de n'avoir pas voulu tendre la main. Les fourmis en seront confondues – si toutefois elles peuvent être sensibles au départ volontaire, mais dicté un peu par leur hargne, d'une cigale… Que la Colonie accepte bien de s'occuper gratis, jusqu'à ce que ma littérature rende, de l'instruction de mes enfants. Secondaire autant que possible. Laissez-moi m'endormir du sommeil de la terre.[89]

Dans son dernier testament, Rabearivelo ne veut ni « deuil » ni couronnes, juste des violettes et des brassées d'*amontana*, sycomore aux connotations royales, pour l'accompagner vers les ancêtres qui l'attendent.

Le 24 juin 1937, Rabearivelo est inhumé dans la tombe ancestrale d'Ambatofotsy. Dans *La Tribune de Madagascar*, « Palamède » évoque de manière émouvante cette cérémonie, ce que nous nous permettons de citer in extenso :

Les autos s'étaient arrêtées dans un vieux village. La tour carrée d'une maison lépreuse s'élevait derrière de hauts murs de terre comme une tour de veilleur. Il y avait là, attendant dans l'herbe ou dans la poussière rouge, une quinzaine de *Vazaha* [Français, dans ce contexte] venus rendre le dernier hommage au poète. Une camionnette arriva, transportant quelques Malgaches en lamba ou en veston et un long et étroit cercueil que quatre porteurs coiffés du large chapeau à fond cylindrique chargèrent sans peine sur leurs épaules tant il était léger : c'était tout ce qui restait de Jean-Joseph Rabearivelo. Le cortège se forma au milieu des autos arrêtées, dans l'auréole de la poussière rouge, soulevée entre les veux murs par cette affluence inusitée de voitures. La mère de Rabearivelo marchait comme un automate, secouée de sanglots, sa femme pleurait, portant dans ses bras le

---

[89] Boudry, *Jean-Joseph Rabearivelo et la mort*, pp. 7-8.

dernier-né. Ses trois enfants allaient, étonnés par toute cette foule et par cet appareil insolite, sans comprendre. Les deux garçons portaient dans leurs bras des branches d'*amontana* où s'accrochaient encore des fruits, et le troisième enfant un pauvre bouquet de violettes. Il faisait beau et chaud, bien qu'on fût en juin. L'herbe n'était pas encore sèche, il y avait de l'eau dans les creux. Des villages dressaient leurs clochers calmes sur les *tanety*, des lointains bleuissaient. Le cortège s'avança par un sentier de terre qui se rétrécit entre des ruines et de hautes cases au milieu d'espaces, mi-terrain vague, mi-jardins comme on en trouve dans tous les villages de l'Imerina. Il y avait là des herbes sauvages et des fleurs, des arbres et des arbustes épars. Le sentier capricieux franchit le fossé du village entre un caféier et un mûrier dépouillé de feuilles. Une étroite brèche en ogive dans le mur d'un petit enclos. Un talus de terre et d'herbe au milieu, aisément gravé ; une barre à mine plantée comme une lance dans la terre fraîchement remuée, quelques pelles de terrassier et au pied de deux lourdes dalles tournant sur leur gond, un double trou. Il y avait comme une hésitation dans l'air. Tout ce soleil, tous ces lointains, cette tiédeur de l'air, cette porte étroite qui ne filtrait qu'un à un ceux qui pénétraient dans l'enclos pareil à tous les autres enclos, rien de tout cela ne présageait la mort. Le cercueil fut déposé sur la terre meuble et les assistants se rangèrent en cercle sur le talus dominant le trou. On attendit dans un silence contraint que l'étroite porte permît à chacun d'approcher puis des voix s'élevèrent pour célébrer le disparu, la poésie, l'inexprimable qu'on sentait autour de soi, qui troublaient et qu'on ne pouvait définir, tout ce qu'on lisait dans le regard des enfants debout devant le trou, leurs branches d'*amantona* dans les bras. Des voix s'élevèrent et puis se turent, des voix qui réclamaient en vain un écho, des paroles qui tombaient comme des pierres dans un trou. Et puis tout à coup une voix déchirante, une longue plainte, un long sanglot éclata avec des mots malgaches rapidement prononcés ou sur lesquels traînait l'inflexion, une lamentation funèbre, un vocero qui se terminait en mélopée comme la fin d'une phrase d'église : la mère. La mère de Rabearivelo pleurait et réclamait son fils. C'était elle qui devait mourir la première et c'était son fils qui partait. Déjà ils étaient venus ensemble enterrer dans ce même tombeau la petite Voahangy, la fille de Rabearivelo, et maintenant c'était lui qui partait. Injustice

incompréhensible du sort. Les *Vazaha* s'étaient reculés pour laisser à cette douleur le soin de s'exhumer sans contrainte. Ils attendaient au pied du talus que tout fût fini. Derrière les lamba on descendit la bière dans le trou. Les lamba descendirent à leur tour du talus et la famille du disparu se rangea le long d'un mur de terre, auprès de la porte en ogive, dans un coin d'ombre, comme de pauvres bêtes traquées qui cherchent un abri contre la peur. La femme de Rabearivelo sanglotant portait toujours son dernier-né, la mère effondrée avait une étrange figure toute colorée de rougeurs. Et ce fut tout. Le soleil d'hiver était un peu plus bas sur l'horizon, et l'ombre tenait plus de place entre les cases. La poussière rouge soulevée par les autos qui portaient s'éleva de nouveau entre les murs. Mais cette fois après toute cette terre remuée, elle semblait avoir un sens, comme s'il fallait qu'elle fût légère au disparu.
Quelle détresse, quelle absurdité ![90]

Le journal reproduit les trois discours prononcés sur sa tombe, à commencer par celui de Robert Boudry, où il essaie de donner un sens à la disparition brutale du poète :

> Jean-Joseph Rabearivelo n'est plus. L'annonce de sa mort a surpris tous ceux qui mettaient leur espoir dans ses dons, tous ceux qui saluent en lui un vrai poète. Il disparaît à l'heure où l'âge mûrissait en lui le talent, où il allait pouvoir donner sa mesure. On le savait gêné, inquiet, angoissé. La vie de tous les jours est pénible aux poètes. Il eût fallu qu'il fût d'un seul coup tiré de l'ornière où il s'enlisait qu'il fût libre d'œuvrer à sa guise, qu'il fût défendu contre la vie, et aussi contre lui-même. Nous étions là pourtant quelques-uns qui nous occupions de lui, tout le monde s'intéressait à son sort. Dans peu de jours, il aurait été tiré d'affaire. Il n'a pas eu la patience d'attendre. Il y a peu de temps encore, il m'écrivait son obsession et son espoir. Les poètes ont des formules qui les desservent. Leur encre dramatise, leur plume déforme. On les croit difficilement quand on les croit. Leur pensée elle-même finit par âtre déformée. Aujourd'hui devant sa tombe, nous éprouvons la gêne de venir trop tard, de venir

---

[90] *La Tribune de Madagascar*, 29 juin 1937.

nous incliner devant celui qui ne devait pas être là, et à qui la vie, au demeurant offrait d'admirables prémices... Enfant d'une vieille race qui tentait un brusque renouveau, Rabearivelo a porté à la fois le poids de son atavisme et le fardeau de tout le romantisme occidental. Le fait était trop lourd pour ses épaules, il a renoncé à le porter. Qui sait si en abandonnant ainsi la vie, malgré tous ceux qui s'intéressaient à lui et l'aidaient, il n'a pas eu pour ambition mauvaise de ressembler aux Chatterton, aux Léon Deubel, aux René Crevel, à tous ceux qui ont quitté l'existence parce qu'ils ne pouvaient se contenter de la vivre simplement ? Devant sa tombe, il serait injuste de ne pas rappeler qu'il fut au printemps de sa vie, l'élève de Pierre Camo... Plus tard, il cessa de suivre l'inspiration du poète des *Cadences*, et soit de lui-même, soit de l'influence lointaine de Robert Edward Hart, cet autre poète de l'Océan Indien, il aborda le symbolisme. L'idée est venue à Rabearivelo de se rejoindre à son enfant perdu et ce désir s'est confondu avec celui de se rendre dans le monde extraterrestre où évoluait sa poésie.

Boudry cite un des derniers poèmes de Rabearivelo, « Tombeau sur la montagne », paru dans les *Cahiers de Malgaches* de 1937 :

> Tout ici est solitude
> Tout ici est vaste orgueil
> Et tout y est renoncement
> A tout ce qui n'est pas silence
> A tout ce qui n'est pas oubli
> Dans la désolation des roches

Pour Boudry, Rabearivelo est le premier des Malgaches à tenter d'unir le symbolisme de sa race à la sensibilité européenne la plus raffinée, le premier à incorporer à la langue française la pensée et le sentiment malgaches. Il conclut ainsi :

> Tous ceux qui sont sensibles au langage universel de la poésie s'inclinent aujourd'hui devant les siens dont je salue profondément la douleur et devant celui qui fut le premier

poète de l'Imerina. Puisse le calme que goûtent ses ancêtres ensevelis sous les hautes herbes et sur les coteaux battus des vents apporter enfin à Jean-Joseph Rabearivelo la sérénité que la vie n'a pas été capable de lui apporter.[91]

Des discours sont prononcés aussi par le Docteur Antoine Fontoynont, au nom de l'Académie Malgache, et Jacques Rabemananjara, « du Bureau des Informations du Gouverneur général », qui déclare :

> L'élite intellectuelle indigène a perdu une autorité incontestée. La jeunesse littéraire malgache dont j'ai la triste mission d'apporter les regrets et les adieux pleure son chef de file. Avec la lyre brisée de Rabearivelo, notre gloire s'éteint, notre fierté descend dans la tombe. Son nom rayonnant sur nous comme un flambeau : les onze syllabes lumineuses qui en forment l'harmonie ont projeté pendant plus de 10 années fécondes, comme un puissant éclat de phare, jailli de la solitude de l'Île et planté haut sur les douze collines de l'Imerina.[92]

Si « absurde » soit-elle, cette mort d'un Mistral malgache ne tarde pas à attirer des interprétations divergentes, venues des extrémités du paysage politique. Le sens du suicide de cette « cigale » imérinienne semble bien plus flou que celui de l'Haïtien Edmond Laforest : en 1915, l'auteur de *Poèmes mélancoliques* s'était jeté dans sa piscine avec un dictionnaire Larousse accroché autour du cou afin de protester contre l'invasion américaine de son pays. Il n'empêche. Parmi les destinataires des lettres de Rabearivelo se trouve *Action française*, qui publie cet adieu à « son maître aimé et vénéré, Charles Maurras » :

Mes chers amis,

---

[91] *La Tribune de Madagascar*, 26 juin 1937.
[92] *Ibid.*

C'est vraiment plus fort que moi, j'abandonne ayant trop longtemps en vain lutté. Cette lettre, si elle vous parvient, c'est donc mon faire-part mortuaire. Il n'y a aucune raison d'en pleurer, d'en être triste, et c'est avec sérénité que vais là-bas dans le Néant, dans la solitude. Adieu. Dites au Maître toute l'humble amitié que lui aura vouée, toute sa vie, celui qui signe Jean Joseph Rabearivelo.

Claude Queveney n'hésite pas à donner une signification politique à ce suicide. Pour lui, la poésie de Rabearivelo exprime « l'harmonie des collines imériniennes », mais « il était Français aussi et d'autant plus profondément qu'il était maurrassien. Il chantait avec amour sa terre natale, mais aimant en même temps la France colonisatrice ; et c'est dans la doctrine maurrassienne qu'il puisait des raisons de ne pas désespérer de cette lointaine patrie ». Et pourtant, cette France l'avait oublié : « il est mort, faute d'avoir obtenu la modeste situation de bibliothécaire qu'il avait demandé ». A cette injustice s'ajoute son exclusion de la délégation malgache à l'Exposition universelle : « Tout ce qui était venu d'Occident à Rabearivelo lui a donc fait défaut… Une sage tutelle – celle de la Monarchie – eût aide ce talent à s'épanouir et ce poète à vivre. Avant de songer à créer une élite indigène elle lui aurait préparé les cadres indispensables… de tels exemples doivent servir de leçons »[93]. La grande leçon à tirer de la mort de ce Mistral malgache serait que l'association est plus efficace et désirable que l'assimilation.

C'est dans un tel esprit que, un mois plus tard, Queveney fait l'éloge d'un autre jeune poète des colonies, Léopold Senghor, pour son discours sur l'éducation indigène à la Chambre de Commerce de Dakar, Sénégal. Premier agrégé de l'Afrique occidentale, Senghor représente « le type de ces élites indigènes dont la France a le droit d'être fière ». Queveney le cite avec approbation : « L'Europe ne doit pas

---

[93] *Action française*, 30 septembre 1937.

assimiler l'Afrique ; mais si l'Afrique doit assimiler l'Europe, elle doit cependant rester elle-même ». La préférence chez Senghor d'une culture bilingue, voire « bicéphale », et l'accent qu'il met sur la formation vocationnelle des indigènes, semblent être dans la « ligne » de l'Action française :

> Comme nous sommes loin, ici, des intellectuels indigènes de première manière, lesquels, dans leur zèle de néophytes, voulaient, sous prétexte de progrès, faire table rase du passé. Il est réconfortant de constater que les véritables lettrés indigènes ont compris l'absurdité de cette thèse et sont d'accord avec nous pour s'opposer à ce qu'on peuple la France d'outre-mer de déracinés.[94]

Effectivement, dans sa thèse de doctorat controversée, Martin Steins a révélé chez Senghor (et Rabearivelo) des affinités idéologiques qui rendent difficile toute tentative de présenter la *négritude* comme fondamentalement de gauche :

> Du côté de l'Action française, on était prêt, visiblement, à reconnaître l'existence de cultures indigènes, nées de traditions et de races qui demeuraient très éloignées de tout ce qui avait fait la France. Mieux, on y souhaitait même que ces différences fussent maintenues, car elles étaient le produit du « pays réel », si cher à Maurras, c'est-à-dire le produit d'un climat, d'un sol, d'une histoire et d'une ethnie, dont les effets mélangés représentaient le réservoir de toute créativité culturelle.[95]

L'Action française pourrait donc servir de recours idéologique pour de jeunes intellectuels coloniaux qui ne

---

[94] *Action française*, 4 octobre 1937.
[95] Martin Steins, « Les antécédents et la genèse de la négritude senghorienne », Thèse de doctorat d'état, Université de Paris III – Sorbonne Nouvelle, 1981, p. 903.

sont pas séduits par l'assimilationnisme républicain. Le soutien de Senghor pour l'éducation vocationnelle et africanisée offerte par l'Ecole Rurale Populaire pourrait être interprété comme réactionnaire et contraire aux aspirations assimilationnistes d'une bourgeoisie indigène émergente. Cette position fait également écho aux idées exposées par Rabearivelo dans sa dernière intervention politique, bien qu'il n'existe aucune trace de correspondance entre les deux hommes. En revanche, Queveney le royaliste ne mentionne pas l'appel de Senghor à l'extension de la citoyenneté française aux Africains, sans référence à la différence culturelle. En outre, la croyance de cet intellectuel sénégalais en une « assimilation active » de la culture et technologie occidentales a une vigueur orientée vers l'avenir qui contraste avec le paternalisme maurrassien et la vision crépusculaire de Rabearivelo. Une fois frustré par la France métropolitaine, le projet de Senghor va se muer en un socialisme africain plus militant.

Quant à Rabearivelo, il disparaît des pages d'*Action française*, même si le mouvement de Maurras conserve des appuis parmi les intellectuels de la région. Ainsi, le 21 septembre 1938, Robert-Edward Hart envoie à Charles Maurras « les déférentes et chaleureuses félicitations » de la Société des Ecrivains Mauriciens à l'occasion de son élection à l'Académie française. Selon Hart :

> Fidèle au parler français, l'ancienne Isle de France a suivi avec une attentive et croissante admiration l'épanouissement de votre œuvre, dont la haute inspiration méditerranéenne et la parfaite maîtrise n'ont cessé de servir la défense et illustration de notre langue... C'est dire que notre admiration pour vous, et notre joie de vous savoir agrégé à l'illustre Compagnie à la gloire de laquelle vous venez d'ajouter la vôtre, s'accroissent encore du sentiment d'une communauté

de pensée entre l'héritier de Mistral et ses lointains amis de l'Île Maurice.[96]

Malgré ces affinités, la « Lettre de France » s'évanouit après la déclaration de guerre en septembre 1939 : la menace ancestrale de l'Allemagne éclipse toute autre préoccupation géopolitique. Un autre destinataire de lettres d'adieu est René Maran, auteur de *Batouala, véritable roman nègre*. Dans *Le Monde illustré*, Maran se penche sur le cas de ce « petit neveu de Chatterton », le légendaire suicidé anglais du 18e siècle. Pour ce haut fonctionnaire devenu militant anti-raciste, les collectivités noires aux Etats-Unis, « évoluant en vase clos, ou plutôt en races closes », voudraient que la France les aide à s'évader du racisme où on les oblige à se murer. Cependant, « il ne semble pas qu'on ait jusqu'ici entendu leur appel. Mais comment aurait-on pu l'entendre, puisque les lettres françaises ont fait, pendant seize ans, la sourde oreille aux chants que le poète malgache se plaisait à consacrer à la défense de la langue française et à son illustration ». Quelques lettrés suivaient de loin « le tenace, patient, solitaire et méritoire effort » de Rabearivelo : la Baronne de Brimont, Jean Vignaud, Pierre Camo, Maurice Martin du Gard, les frères Leblond, etc. On admirait non seulement son courage, mais encore « l'ardeur et la conviction qu'il apportait à défendre tout ce qui était français, en dépit des sarcasmes dont le couvraient parfois certains de ses compatriotes ». Selon Maran, Rabearivelo s'est tué parce qu'il « aimait trop la poésie et qu'elle refusait les faveurs qu'il lui avait demandées. Poète, il l'est resté jusqu'à ses derniers moments. Romantique, il a quitté la vie en beauté ». Il cite sa lettre d'adieu :

Cher et lointain ami,

---

[96] Fonds Charles Maurras : 576AP/57.

> Cette lettre est la dernière que vous recevrez de moi
> Dans quelques heures, je ne serai plus qu'un cadavre
> Et la terre tournera toujours
> Et il y aura toujours des poètes pour chanter,
> Indifférents à cette chose monstrueuse : LA MATIERE.

Rabearivelo souffrait d'un « manque de personnalité... compte tenu de son gongorisme », mais « il commençait depuis peu à « se changer en lui-même ». Il avait pris conscience de ses jeunes forces en demandant à son pays natal d'inspirer son génie »[97]. Ainsi, Maran anticipe la récupération de l'œuvre de Rabearivelo par le mouvement négritude.

Le suicide de Rabearivelo est considéré comme bien pire qu'absurde par *La Kroa Madagaskara*, quotidien jésuite de langue malgache. Le 13 juillet 1937, à la une, dans un éditorial exceptionnellement en français, sous le titre « Une Apothéose », « F.V. » attaque le péché, voir le crime de celui qui avait claqué la porte aux Frères vingt ans passés :

> Quelques jeunes gens veulent avoir un beau geste, celui de venir en aide à la femme et aux enfants de Jean-Joseph Rabearivelo laissés orphelins par la subite disparition du chef de la famille. On ne peut que souscrire au sentiment humanitaire, et, je le crois, vraiment charitable qui les meut. Qui ne voudrait soustraire à la misère et au malheur des enfants à peine entrés dans la vie ! N'est-il pas dommage cependant que cet acte de bienfaisance se fasse par l'Apothéose de Jean-Joseph Rabearivelo ? Remarquez qu'on ne veut diminuer en rien ici le talent du poète et de l'écrivain. On reconnaît sa brillante imagination, sa grande sensibilité, le tour facile et heureux de son expression. Mais pour louer sans réserve cet homme ainsi qu'on veut le faire, pour faire des études profitables sur sa vie ne faudrait-il pas pouvoir effacer la dernière page de son existence ? Qu'on loue le poète et ses œuvres... passe. Mais sa vie ! Va-t-on qualifier

---

[97] René Maran, « Un petit neveu de Chatterton », *Le Monde illustré*, août 1937, p. 537.

de courage cette manière d'en sortir ? Courage ? quand on rend les armes devant les épreuves et les déboires de l'existence ? Kant appelle cela *désertion morale*. Combien ce pauvre jeune homme, au lieu de vous laisser le soin de sauver sa famille, aurait mieux fait de ne pas la jeter dans l'abandon ! Jean-Jacques Rousseau appelle le suicide *un vol*. Madagascar possède, je crois, de gloires plus pures que celle-là, qu'on pourrait célébrer sans être obligé de couvrir un crime par les fleurs.[98]

La mort de Rabearivelo est passée sous silence par ses autres adversaires, les communistes. Le 25 juin 1937, *Le Prolétariat malgache* choisit d'attaquer « la boîte Vidalie qui salit les honnêtes gens » et Victor Malvoisin en particulier. Le journal se préoccupe de la guerre d'Espagne et de la purge entamée par Staline contre l'état-major de l'Armée rouge, « huit traitres à la patrie soviétique devant le tribunal suprême »[99]. Le 30 juillet, *Le Prolétariat malgache* annonce à sa une la disparition de Robin Ramelina, leur délégué à Paris.

En avril, la délégation malgache à l'Exposition internationale était partie pour Paris sans Rabearivelo et, selon le fonds Cayla au moins, connaît un franc succès. Certes, le 27 juillet 1937, Cayla déplore le fait que « la radio nous a donné aucune nouvelle de l'inauguration du pavillon de Madagascar ». Mais une semaine plus tard, le Gouverneur général répond ainsi à un correspondant :

> Je suis enchanté des renseignements que vous me donnez sur l'inauguration du pavillon de Madagascar. Malgré l'erreur regrettable qui a été commise dans l'envoi de certaines invitations le succès a répondu à nos espoirs. M. et Mme Géraud ont donné la note exacte en constatant que la section malgache répondait complètement au but de l'exposition ; ils

---

[98] *La Kroa Madagaskara*, 13 juillet 1937.
[99] *Le Prolétariat malgache*, 25 juin 1937.

ont même fait mieux en ajoutant que c'était la plus belle du groupe de l'Île des Cygnes.

Une lettre de Cayla du 14 septembre 1937 au Gouverneur Charles Dumont, directeur de l'Exposition, confirme ses priorités ou préjugés esthétiques :

> Puisque je vous parle de l'Exposition, laissez-moi signaler que les Bénédictains d'Ambositra tiennent beaucoup à ce que vous fassiez figurer dans le pavillon malgache une enluminure qu'elles avaient confiée au Comité local de préparation. Cette œuvre, à laquelle ont collaboré quelques jeunes filles malgaches, est, m'assure-t-on, d'une très belle venue. [100]

Mais le poète est loin d'être oublié. Un Comité Rabearivelo présidé par le Gouverneur Réallon est réuni pour venir en aide à la mère, à la veuve et aux orphelins du poète, organise pour le 25 septembre 1937 une grande soirée sous le haut patronage de Léon Cayla. Au programme figure la spirituelle opérette en trois actes de Vanloo et Leterrier, avec musique de Lecocq, *Le Jour et la nuit*. Ce spectacle est mis sur pied avec le concours d'une cinquantaine d'artistes et un orchestre complet de plus de 20 musiciens. Selon *La Tribune de Madagascar*, « il est indéniable que cette soirée obtiendra un très grand succès tant en raison du but de bienfaisance qu'elle poursuit que de l'attrait artistique de ce spectacle dont la présentation sera particulièrement soignée et constituera certainement une des plus belles réussites du genre à Madagascar »[101].

Mais le suicide du poète continue à faire des vagues. Le jour de la première soirée Rabearivelo, dans *Le Journal de Madagascar*, Henri Mariol (du *Midi Colonial*), plaint la disparition d'une « Voix de France – La mort du Cygne ».

---

[100] ANOM : Fonds Cayla, carton 9.
[101] *La Tribune de Madagascar*, 19 septembre 1937.

A son retour de vacances, le 10 août, ce billet laconique l'attendait : « Mon cher ami, Je m'en vais, volontairement, délibérément, je vais de l'autre côté du rideau. Je n'y vois plus clair, ici, sur cette terre esquine. Adieu, mon bien cher ami, et brûlez de temps en temps un grain d'encens sur le tombeau de votre Jean-Joseph Rabearivelo ». Mariol raconte sa découverte de ce « cygne » :

> L'affection profonde qui nous liait était toute intellectuelle. Il y a douze ans, un ami, en service dans la Grande-Île, m'avait envoyé son recueil de poèmes *Volumes*. Lecture suffisant pour me tracer un devoir que l'indifférence actuelle ne m'a pas permis de remplir. Faire connaître le Cygne Hova, qui chantait les louanges de la France. Tous les cygnes ne sont pas blancs. Celui-ci était un pur Indonésien, gagné à notre cause.

Mariol avait rêvé, pour la plus grande gloire de la Patrie, que Rabearivelo et son œuvre soient « présentes à nos détracteurs, à ceux qui sciemment, dénigrent nos méthodes colonisatrices. On leur aurait dit : « Voici le produit de quarante ans d'occupation française, ce Cygne Hova, le plus beau témoignage de notre entreprise intellectuels, au pays des Andriana [Rois] » ». Il avait pensé qu'il serait convié à la Grande Exposition de 1931, puis à celle de 1937, mais il ne fut invité ni à l'une ni à l'autre. Au contraire :

> On a fait venir, à grands frais, à Vincennes et l'Île des Cygnes, d'honorables artisans capables de découper du bois, de ciseler du métal, de broder sur des soies ou des laines, mais on a négligé celui qui tirait de sa seule imagination, de son seul amour, ces accents touchants envers la patrie lointaine d'adoption à laquelle il aspirait. L'Île des Cygnes... sans le Cygne Malgache, un cygne dont on n'aura pas trouvé, peut-être, l'équivalent dans un siècle...

Mariol conclut : « Il est trop tard pour récriminer, trop tard pour tresser des couronnes, trop tard pour mettre les fonds de « la propagande » au service d'un grand poète indigène méconnu. Il l'aurait dit lui-même : « Les destinées sont écrites… ! » Si, seulement, cette lamentable aventure pouvait servir de leçon, dans l'avenir…»[102].

Une deuxième Soirée Rabearivelo se déroule le 16 octobre 1937, au Théâtre municipal, sous la présidence du Gouverneur général. L'événement commence avec deux allocutions, par Henri Vidalie, puis Camille de Rauville, écrivain mauricien et théoricien de l'indianocéanisme. Cette dernière allocution, intitulée « Rabearivelo et la culture française », est reproduite dans *La Tribune de Madagascar*. Pour de Rauville, la vie de Rabearivelo, cependant courte, « présente une courbe admirablement ascendante ». Sa vie prend « une valeur de témoignage. On imagine la puissance d'attrait que présente une culture pour trouver une adhésion aussi totale dans un esprit que rien ne prédisposait à y consacrer toutes ses forces ». Rabearivelo est en effet parti d'une base bien précaire, les études primaires, pour s'élever jusqu'à une qualité de pensée assez rare pour que l'hommage intérieur de ceux qui la connaissent, pour que l'hommage public de ce soir soient justifiés pleinement. Selon de Rauville, « dans l'activité intellectuelle se produit ce phénomène à peu près unique qu'un rayon de lumière, loin de s'affaiblir en se diffusant, trouve une nouvelle vie dans chaque miroir qu'il frappe, parmi lesquels l'un d'eux, tout à coup, donne un éclat nouveau, au reflet qui l'a touchée… ». Les premières œuvres de Rabearivelo sont marquées profondément par l'influence symboliste qui jusqu'à la guerre animait les divers courants de poésie. Le vers rimé sinon toujours rythmé, pour n'être plus le seul, n'en demeure pas moins le principal mode d'expression. C'est le choc du surréalisme qui change la donne : « seule la révolte consécutive aux quatre ans de guerre, dont les conséquences politiques et

---

[102] *Le Journal de Madagascar*, 25 septembre 1937.

sociales n'ont pas fini de se faire sentir, seule cette révolte acheva l'aération du vers commencée un demi-siècle plus tôt ». Cette libération prosodique offre à Rabearivelo un mode d'expression « beaucoup plus malléable, beaucoup plus adoptable à son rythme original. Car n'oublions pas l'origine de Rabearivelo, le sol malgache. Si la culture prépare le terrain, l'enrichit d'éléments dont va profiter la plante, c'est de la terre elle-même que va se nourrir cette dernière ». En libérant son chant, le vers libre libère en même temps l'inspiration du poète, le débarrasse de contraintes « beaucoup plus qu'inutiles : gênantes, étouffantes » :

> Il suffit de comparer à ses premiers recueils (*Sylves*, *Volumes*) l'ampleur du souffle de *Presque-Songes*, *Traduit de la Nuit*, *Chants pour Abéone*, mieux, leur caractère si intime, si intérieur qu'on les sent venus du plus profond des couches sensibles. Cette évolution de Rabearivelo, du vers dit classique à la poésie de ses derniers recueils, a enrichi tout à coup son œuvre de résonances musicales venues d'un rythme intérieur librement exprimé.[103]

Suivra *Le Jour et la Nuit*. Dans *L'Echo malgache*, Errhelle salue « un joli geste », sans oublier d'autres Malgaches laissés dans le besoin :

> On dit que le poète Rabearivelo s'est donné la mort pour échapper à l'étreinte de la misère. Il n'est pas le premier et ne sera hélas pas le dernier qui accomplira cet acte fatal devant les difficultés toujours croissantes d'une vie qui ne sourit qu'aux audacieux… toute l'organisation fut parfaite, jolies toilettes dans la salle, et sur scène, les décors merveilleusement brossés. Puisque cette troupe bénévole a repris le goût des planches, puis-je lui signaler que nous

---

[103] *La Tribune de Madagascar*, 19 octobre 1937.

avons encore quelques familles à secourir, par exemple celles de ceux qui ont été tués sur la voie du chemin de fer. [104]

La Tribune parle d'un « éclat incomparable ». Le *happy end* du *Jour et la nuit* contraste avec la disparition brutale de Rabearivelo : « Tout s'arrange comme il se doit dans une opérette où l'esprit et la musique rivalisent de gaieté, d'entrain, pétillant à chaque situation » [105]. Et le succès de cette soirée contraste encore plus violemment avec le sort d'un chantre moins en vue. Deux jours plus tard, *La Tribune* annonce de façon lapidaire le « Suicide d'un poète malgache » : « A la fin de la semaine dernière le nommé Raoelina, auteur de diverses poésies, s'est donné la mort à la suite d'une dépression physique et morale. Employé à l'usine électrique d'Antelomita, qui fournit l'énergie de Tananarive, il s'est donné la mort à l'aide des fils à haute tension. La mort fut instantanée » [106].

Mais ces Soirées Rabearivelo si réussies ne calment pas les passions. Dans *La Tribune*, on s'en prend à un article d'Edouard L. Yet paru dans *Le Journal de Madagascar*, où il est parlé de « la grande misère des intellectuels » sur la Grande Île. Yet plaint le sort du poète suicidé, mais, selon l'auteur anonyme, « il a été inculqué au berceau d'un pauvre corps débile, beaucoup de choses que tout son organisme n'était pas fait pour supporter. Rabearivelo avait une mauvaise santé et faisait peut-être le contraire de ce qu'il aurait dû faire pour vivre heureux… Même étant poète. Il n'a pas toujours pratiqué le « Aide-toi et le Ciel t'aidera ». Et d'ailleurs, avant même d'avoir demandé un emploi dans l'administration, il avait formé le projet de se tuer ». Et cette aide « que des gens mal informés disent qu'elle lui a été refusée, allait lui être accordée ». Il est exact

---

[104] *L'Echo malgache*, 22 octobre 1937.
[105] *La Tribune de Madagascar*, 19 octobre 1937.
[106] *La Tribune de Madagascar*, 21 octobre 1937.

que tous ceux qui écrivent, à Madagascar, à moins qu'ils aient un autre métier ou une autre profession « n'ont pas la partie belle ! Mais ils ne sont pas les seuls, hélas ! Et il n'y a pas que les poètes ou les romanciers, tels, qui devraient être à l'abri du besoin ! » La triste vérité serait qu'on « ne lit plus. La crise de la lecture sévit encore dans les Colonies comme elle sévit en France. Et ceux qui se plaignent qu'on n'achète pas leur production, ne lisent pas plus que les autres, n'achètent pas davantage celle des autres ». Il existe, pour les Colonies, des moyens de diffusion pour les actes officiels, nulle part il n'existe un organisme pour la diffusion de ce qui s'écrit d'utile ou de beau dans le public. En tout cas, ce serait un tort d'accuser les gouvernements coloniaux : « C'est Paris qui réclame la presque totalité des fonds et qui, de plus, impose à la Colonie des frais de missions dites littéraires et même l'achat de livres souvent inutiles, parfois stupides ». Le gouvernement « n'a pas attendu que Rabearivelo produise. Notre ami a reçu des commandes. Mais sait-on que le pauvre poète souhaitait de n'être édité qu'en vingt exemplaires ? ». Dans son article, Yet cite la *Revue des Jeunes* comme un exemple des difficultés auxquelles les intellectuels malgaches sont confrontés, mais, selon le journaliste de *La Tribune*, Rabemananjara « sait que celui qui écrit ces lignes, a essayé d'aider cette revue. Mais, à côté de l'aide à demander, il y a des conseils à accepter. Il ne faudrait pas, surtout lorsqu'on accuse quelqu'un d'indifférence vis-à-vis des intellectuels confondre ceux-ci avec les fabricants d'une prose quelconque ! ». L'aide « ne doit pas être une chose due, de plano, parce que quelques-uns auraient décidé d'écrire. Il faut la mériter ». Avant de s'octroyer le qualificatif d'intellectuel, « il faudrait se demander, d'abord, si les lecteurs éventuels vous accorderont, eux aussi, cette qualité ? ». Pour conclure, l'auteur est au moins d'accord avec Edouard L. Yet que « rien n'empêchera le génie d'éclore », mais « c'est toujours après la mort qu'on reconnaît qu'un homme avait du génie, ou plus simplement avait ce qu'il faut pour être utile à son pays »[107].

Il reste à disposer des affaires de Rabearivelo, à venir en aide à sa famille, et à exaucer ses vœux. Fin avril 1938, *La Tribune* annonce que l'avocat Me Dufresne a été chargé par les ayants droit à la mise en vente de la Bibliothèque du poète malgache « si tôt disparu et comprenant des ouvrages en tous genres : Etudes-Essais-Poésie-Romans-Théâtres, des meilleurs auteurs modernes ». L'article tourne à la réclame :

> Signalons notamment la splendide collection de poèmes et de poésies portant des dédicaces des auteurs et dont plusieurs dans des collections à tirage restreint et luxueux. Egalement une quarantaine d'œuvres espagnoles, brésiliennes et portugaises dédicacées des auteurs. La première vente aura lieu le samedi 7 mai à 15h à la salle des ventes près de la Mairie.[108]

Jacques Rabemananjara garde le flambeau de son maître, Lors du premier anniversaire de la mort de Rabearivelo, *Le Journal de Madagascar* publie un poème de son disciple, « Sur une tombe », qui fait écho à la mélancolie qui a imprégné les vers du poète péri :

> Je suis venu revoir les lieux où tu t'endors.
> Je n'ai pu retenir mes sanglots et mes larmes.
> Le souvenir n'est-il, à l'ombre de la mort,
> Qu'un éclair sans éclat dans une nuit sans charmes.
>
> Ô mon ami, voici ce qui reste de toi :
> Un peu de terre rouge où des chiendents sauvages
> Savent nonchalamment le destin de leur loi

---

[107] *La Tribune de Madagascar*, 18 octobre 1937.
[108] *La Tribune de Madagascar*, 28 avril 1938.

La mort et la ruine emmêlent leurs ravages.[109]

Rabemananjara chante ici son attachement à l'Emyrne, mais on ne trouve encore pas de trace du nationalisme malgache auquel il se ralliera au cours de la Seconde guerre mondiale. Certes, Rabemananjara joue un rôle important dans la syndicalisation des fonctionnaires indigènes. Le 3 décembre 1937, à l'Hôtel Glacier, Tanananarive, le jeune poète donne une petite causerie, « Aimez-vous les uns les autres », à une réunion de l'Association Amicale des Fonctionnaires Malgaches. Devant 500 personnes, il expose la nécessité et l'utilité du Syndicat professionnel, dénonçant la réduction de 10 des soldes des fonctionnaires depuis 1935. Selon l'indicateur de la Sûreté, « Cette causerie, pleine de verve et d'éloquence, a animé les auditeurs qui ont manifesté leur satisfaction par de vifs applaudissements »[110]. Pourtant dans cette année 1938, Rabemananjara saluera loyalement les modestes réformes du Front populaire et le rapatriement, sous les ordres de Cayla, des cendres de la dernière reine de Madagascar, Ranavalona III.

La ferveur suscitée par la victoire du Front populaire semble se dissiper et ses adversaires prennent le dessus, dans la Colonie comme en France. Le 24 août 1937, un indicateur observe une première réunion du Syndicat de la presse franco-malgache. Le président de son comité n'est rien d'autre qu'Henri Vidalie, directeur du *Journal de Madagascar*. Prenant le premier la parole, l'ami de Rabearivelo dit adhérer volontiers au syndicat en formation, mais à la seule condition qu'il soit tenu compte des remarques suivantes : « Interdiction absolue de faire de la politique » ; « Droit de choisir les membres du syndicat » ; « Interdiction absolue de se servir du syndicat pour les

---

[109] *Le Journal de Madagascar*, 30 juin 1937.
[110] ANOM : 6 (2) D 41.

menées anticoloniales ou antifrançaises ». Selon l'indicateur, cet exposé « a été approuvé à l'unanimité au milieu d'applaudissements »[111].

Certes, il y a des résidus de résistance culturelle à la domination française. Ainsi, le 4 septembre 1937, un indicateur rapporte qu'une pièce intitulée *Rasalama* qui doit être représentée prochainement dans la salle de l'immeuble Valiton, « est la reconstitution du Gouvernement Hova » : « Rabary guide les répétitions, donne le ton, fait ressortir les beautés de l'ancien régime, l'avantage d'être commandé par des officiers de même race. Randriambololona verse des larmes en regrettant ce temps qu'il n'a pas connu et espère qu'il y aura beaucoup de spectateurs »[112]. Paul Ranaivo lui-même, intellectuel communiste fiché par la Sûreté, joue le rôle d'officier de la reine. Mais cet *underground* anti-colonial se trouve harcelé par un gouvernement conforté par la chute de celui élu en Métropole. La disparition de Paul Dussac, en 1938, renforce l'emprise des autorités – pour l'instant.

Robert Boudry fait éditer par la Colonie les *Vieilles chansons des pays d'Imerina,* qui paraissent début 1939. Pour présenter des extraits de cet ouvrage, la *Revue de Madagascar* reproduit l'hommage de Boudry à son ami, paru dans *Mercure de France*. Selon Boudry, Rabearivelo « fut le premier et reste le meilleur des poètes malgaches d'expression française. Nul mieux que lui ne sut allier dans ses œuvres à une profonde connaissance de notre culture la façon de sentir et la fraîcheur d'expression d'une race dont la langue est riche en images et en proverbes »[113]. La vie du poète « tient en peu de lignes. Il mena l'existence sédentaire d'un petit employé malgache qui fréquente ses amis la semaine et s'en va parfois le dimanche à la campagne et

---

[111] *Ibid.*
[112] *Ibid.*
[113] *Revue de Madagascar*, 25, janvier 1939, pp. 29-30.

partant très tôt pour attendre la voiture publique dans laquelle il s'entassera avec toute sa famille »[114]. Pour illustrer ses propos, l'article est assorti d'images d'Ambatofotsy, de la maison appartenant à sa mère, aussi bien que du dramaturge avec ses acteurs lors des triomphes d'*Aux Portes de la Ville* et d'*Imaitsoanala*. Mais Boudry se réfère également aux *Calepins bleus*, dont il est désormais le propriétaire. Dans son journal, Rabearivelo prend Baudelaire et Casanova pour modèles. Aussi cette œuvre, « qui reflète la sérénité et l'homme de lettres occupé à produire et à réfléchir sur les œuvres d'autrui, s'oriente-t-elle à la fin vers l'inquiétude »[115]. Boudry s'efforce ensuite d'expliquer le geste de son ami, désignant son goût marqué pour l'astrologie : « Il est obsédé par l'idée qu'il est né sous le signe de Mars et que ceux qui sont martiens comme lui périssaient de mort violente, que ce soit Verhaeren, Fagus, ou encore ce chirurgien de Tananarive, Davioud, qui se tua en avion »[116]. Rabearivelo s'identifie à Antée, son Prométhée, vaincu par Hercule qui l'arrache à la terre où il puise sa force. Il est également hanté par la mort de Voahangy : « trois ans et demi après l'avoir conduite au tombeau ancestral, dans le dernier poème qu'il écrit une heure avant de se donner la mort, c'est l'appel de sa fille qu'il entend »[117]. C'est en poésie qu'il donna le meilleur de lui-même. Ces *Vieilles Chansons*, puisées aux sources mêmes de la tradition des Hauts-Plateaux, « évoquent et fixent ce qui constitue l'essentiel de la poésie de l'Imerina, le précieux et le familier, le mythique et le réaliste ». En songeant à l'heure de sa mort à faire publier ces pages consacrées à la terre et à l'esprit des ancêtres, Rabearivelo demeurait fidèle à son destin :

---

[114] *Ibid.*, p. 35.
[115] *Ibid.*, p. 36.
[116] *Ibid.*, p. 40.
[117] *Ibid.*, p. 42.

Devenu français de culture et d'expression, il restait malgache d'inspiration et de sentiment. Il ne pouvait pas mieux servir par-delà le tombeau cette terre qui l'avait porté, et sur laquelle, quelque jour sans doute, un *tsangambato*, l'une de ces pierres commémoratives qui s'élèvent, hautes et frustes, sur les mamelons chauves, rappellera au voyageur le nom du poète qui fut le chantre de l'Imerina, et introduisit le premier un nom malgache dans la littérature française.[118]

Boudry évite donc toute polémique sur le colonialisme. Par cette publication, il semble que la Colonie respecte les dernières volontés du poète. Ce n'est que deux décennies plus tard que ce Directeur du Contrôle financier dénonce la récupération colonialiste de Rabearivelo :

> Les gouverneurs généraux et hauts commissaires qui se succèdent s'efforcent de l'annexer à leur cause, non pour son œuvre car ils n'ont guère le temps de se pencher sur elle, mais pour l'exemple qu'il représente à leurs yeux. Il n'est guère de revue coloniale subventionnée ou de caractère officiel, qu'elle soit imprimée en France ou à Tananarive, qu'elle reçoive ses subsides ou son inspiration du Ministère de la France d'Outre-Mer ou des groupements de colons, qui n'ait à cœur de publier des poèmes portant sa signature. Rabearivelo est une valeur sûre, qui doit tout à la culture française et ne fait pas de politique. Des émissions radiophoniques lui sont consacrées, ce qui est légitime, et des mécènes, qui le découvrent en mettant le pied dans l'Île, envisagent d'éditer ses œuvres complètes aux frais de la colonie, pour servir la cause française et leur propagande personnelle.[119]

L'Imprimerie officielle édite donc luxueusement ses *Vieilles Chansons*, et un prix posthume de 1500 francs lui est attribué par le jury du Prix Littéraire de l'Empire. Mais, il n'y aura pas de simple pierre commémorative sur la

---

[118] *Ibid.*, pp. 46-47.
[119] Boudry, *Jean-Joseph Rabearivelo et la mort*, p. 18.

tombe d'Ambatofotsy et l'aide de la colonie à la famille sera fort limitée. Certes, son fils Solofo fait des études secondaires gratuites ; cependant, une bourse pour aller poursuivre ses études en France lui est refusée à quatre reprises. La mère de Rabearivelo se voit « contrainte à se livrer aux plus humbles besognes, cousant des chaussons de rabane pour un commerçant indien »[120]. L'aide vient principalement de l'initiative privée : les trois représentations théâtrales données à Tananarive permettent d'acheter une petite maison pour les enfants ; de son côté, Henri Vidalie, à qui le poète avait vendu sa bibliothèque en viager dans un moment difficile, renonce à sa créance et les livres de Rabearivelo sont vendus au profit de ses héritiers. Dernière promesse non tenue par la Colonie : il n'y aura pas de salle Rabearivelo à la bibliothèque du Gouvernement général.

---

[120] *Ibid.*, p. 19.

Madagascar en guerre

En juillet 1939, dans la *Revue de Madagascar*, Jacques Rabemananjara fait un survol de la poésie malgache d'expression française où il traite de manière critique la contribution du poète défunt. Pour son ancien disciple, Rabearivelo a fait vibrer ses strophes « sous le souffle d'un individualisme un peu farouche et distant »[121]. Il s'était créé « un système poétique à lui et vit dans une atmosphère d'où il exclut impitoyablement le vulgaire profane… la poésie de Rabearivelo pousse avec une vigueur sauvage, dure et forte, un peu comme ces fleurs robustes qui, dans les interstices des blocs granitiques de nos vallons, tendent éperdument vers le soleil et la lumière »[122]. Bien qu'il demeure toujours le parrain spirituel de « la poétique malgache fondue dans la coulée limpide, claire, de la forme française », Rabearivelo s'éloigne de la masse : « il serait très difficile, sinon impossible à cette dernière de saisir les nuances subtiles de ses œuvres. Les poètes malgaches actuels, au contraire, ont tendance à se rapprocher de la foule : ils cèdent, semble-t-il, à un entraînement collectif et obéissent à un idéal commun ». On discernerait dans leur mouvement un dessein arrêté de former une élite déterminée, un groupe uni, une génération. Razonakoto, Ramandraivana, et Rajeisa montreraient dans leur production « la recherche d'une orientation intellectuelle accessible à la masse »[123]. Ces poètes malgaches francisants auraient une volonté nette d'« explorer leur cadre naturel, de garder une mystique intelligente du milieu, de la terre et de l'ambiance qui les entourent et dont ils sont formés ». Les couches de latérite, les profondeurs des sous-bois comme les superpositions de

---

[121] *Revue de Madagascar*, 27, juillet 1939, p. 75.
[122] *Ibid.*, p. 76.
[123] *Ibid.*, p. 78.

roches et de fertiles limons recèlent « de rares mines poétiques : il suffit de savoir les extraire, de les débarrasser des scories rudimentaires et de les polir avec la ferveur et le zèle des privilégiés d'Apollon... il sera tôt une brillante réalité et ce sera l'aurore du véritable humanisme franco-madécasse »[124]. Il faudrait donc dépasser l'exemple pionnier de Rabearivelo pour réaliser une nouvelle synthèse.

Mais de nouveaux défis attendent la Grande Île. Dans la *Revue de Madagascar* de janvier 1939, Léon Cayla avait dressé un bilan globalement positif de la situation de la Colonie. Les graves incidents dont l'Europe avait été récemment le théâtre « n'ont fait que resserrer les liens qui unissent Madagascar à la Mère Patrie ». Toute menace de guerre « est aujourd'hui écartée, mais il n'est pas un de nous qui ne veuille se souvenir des heures tragiques que nous venons de vivre... Ce pays a fait mieux pour regagner le terrain qu'il avait perdu lors de la crise mondiale »[125]. La preuve en serait la progression constante et sensible de la production locale.

En septembre 1939, la France et son Empire sont plongés dans un second conflit mondial, et pour la presse coloniale, Jean-Joseph Rabearivelo aurait une place dans la défense de la « plus grande France'. Ainsi, en novembre 1939, au début de la « drôle de guerre », un éditorialiste de *L'Echo annamite*, publié à Hanoï, écrit :

> Il est bon, il est juste, il est réconfortant, d'administrer au monde, surtout à l'heure actuelle, la preuve que la France, grande nation de plus de cent dix millions d'êtres, a, non seulement su se faire aimer de toutes les races qu'elle a prises en tutelle, mais encore qu'elle n'a obtenu que par le rayonnement de son bienfaisant génie la vénération, l'amitié filiale, voire l'amour et le dévouement que les praticiens de

---

[124] *Ibid.*, p. 79.
[125] *Revue de Madagascar*, 25, janvier 1939, p. 7.

la violence crient pouvoir imposer à leurs victimes par la brutalité et par la force. Nous ne citerons aujourd'hui, pour illustrer l'évidence, que le cas de Jean-Joseph Rabearivelo.

Au début, son œuvre serait « moins celle d'un créateur que celle d'un pasticheur de grand mérite ». Mais, s'étant débarrassé de ces « affectations puériles », il avait produit les poèmes merveilleux de *Presque-Songes* et de *Traduit de la Nuit*, les uns et les autres étant « inspirés par son pays natal ». Suivront les *Vieilles chansons du Pays d'Imerina*. L'article conclut : « Rabearivelo est mort beaucoup trop tôt. La plus grande France a perdu, en le perdant, un poète de grand mérite »[126].

En mai-juin 1940, la France métropolitaine sera foudroyée par la Wehrmacht. A Madagascar, Robert Boudry organise les services économiques de guerre. En juin 1940, il prend l'initiative du mouvement de résistance, le premier d'une série d'actes de révoltes qui l'amèneront à la lutte anti-coloniale. Après avoir coopéré à la formation du groupement patriotique qui s'était créé spontanément dès le lendemain de la demande d'armistice pour faire connaître au Gouverneur Général l'opinion de toutes les catégories de la population de Madagascar et lui apporter son appui, Boudry est nommé Vice-Président du Comité unique local des Anciens Combattants. Cet organisme soutient l'action du Gouverneur Général, Manuel de Coppet, contre les partisans de Vichy et tente d'organiser et de maintenir la résistance. Dans un article du 31 juillet 1940, paru dans *La Tribune de Madagascar*, Boudry fait notamment l'éloge de l'attitude patriotique de Manuel de Coppet, révoqué depuis par le Gouvernement de Vichy, et invite ses lecteurs à écouter la BBC : « la seule voix française libre que les Français entendent et qui parle le

---

[126] *L'Echo annamite*, 17-18 novembre 1939.

langage qui leur est familier est celle de Londres »[127].
Boudry se voit relevé de ses fonctions en août 1940 par Léon Cayla. Le Directeur est rapatrié le 9 novembre et mis à la retraite d'office.

Le 18 novembre 1940, Cayla fait ce rapport sur la situation morale de la Colonie :

> Je dois noter d'abord que l'attitude de la population indigène n'a jamais cessé d'être très correcte. Bien que les autochtones évolués se soient rapidement rendu compte de la gravité de notre défaite, ils sont demeurés parfaitement respectueux à l'égard des autorités françaises, sans même manifester ouvertement les inquiétudes que beaucoup d'entre eux avaient sur leur avenir. Alors qu'en AOF le trouble provoqué par l'annonce de a défaite de la France avait une durée limitée et que la manœuvre anglaise avait pu être rapidement déjouée, j'avais la surprise pénible de constater, en reprenant contact avec la Grande Île, une mentalité déplorable, qui n'avait épargné aucun milieu. Cette mentalité s'étalait ouvertement, au point que M. Boudry, Directeur du Contrôle Financier, pouvait, quelques heures avant mon atterrissage à Ivato, écrire dans un journal tananarivien, sous un pseudonyme transparent : « Tout ce qui se dit en France, tout ce qui s'y fait est suspect… Les Français sont en exil ». Tenant compte à M. Boudry de la qualité de ses services antérieurs, de son titre d'ancien combattant et du fait qu'il est grand mutilé de guerre, je me suis borné à demander qu'il fût relevé de ses fonctions. Cette mesure est intervenue dès le 9 août. D'autre part, j'ai révoqué le mandat de membre du Conseil d'Administration de la Colonie dont était titulaire M. Dussol, gérant responsable du journal où avait paru l'article incriminé. Ce périodique a, depuis lors, cessé de paraître.

Si les appréciations de Boudry sont généralement trouvées maladroites, la plupart des Européens qui en ont connaissance « y virent la manifestation, courageuse à leur avis, de sentiments qu'ils partageaient sans oser eux-mêmes

---

[127] ANOM : FM/ee/ii/4686/1.

les extérioriser en public ». A quoi faut-il attribuer de tels égarements ? Selon le Gouverneur Général, cela s'explique par la présence de nombreux Mauriciens, de producteurs et de commerçants contre une rupture complète avec Londres, et d'officiers et fonctionnaires obéissant à des influences politiques hostiles au nouveau régime. Malgré la « criminelle et lâche agression de Mers-el-Kébir » (où la RAF britannique vient de faire couler la flotte française avec la perte de milliers de vies), le drapeau britannique est hissé à Ivato à côté du drapeau français. L'officier responsable, le capitaine Vignerot,est sanctionné. Cela dit, Cayla se félicite du « parfait loyalisme » du Gouverneur de Tananarive, Réallon[128].

Dans *Vichy sous les tropiques*, Eric T. Jennings montre comment les colons de Madagascar, majoritairement anti-assimilationnistes, antirépublicains et anglophobes, se réjouissent de la nouvelle que Léon Cayla vient d'être renommé par Vichy pour gouverner la Grande Île. La Révolution Nationale de Pétain sera appliquée aux conditions malgaches par Cayla puis son successeur encore plus zélé, Armand Annet. En métropole, le régime de Vichy tente de se légitimer en puisant dans le culte de Jeanne d'Arc. De la même manière, à Madagascar l'on évoque avec nostalgie le règne d'Andrianampoinierina, stigmatisé seulement un an auparavant pour son caractère « absolutiste » et « féodal ». La répudiation vichyste du concept même d'assimilation est admirablement illustrée par la politique de l'enseignement, de la jeunesse et des sports dans l'île. L'objectif pétainiste est de « transformer l'indigène », remplaçant un cursus d'études générales, fondement de l'enseignement républicain dans l'île, par un programme d'enseignement technique et agricole, ainsi que par la prolifération de camps pétainistes voués à embrigader et endoctriner les jeunes Malgaches. Il faut ruraliser et dé-

---

[128] ANOM : FM/ee/ii/3683/1.

européaniser les Malgaches, les remettant ainsi « à leur place ». Des écoles classiques sont transformées en écoles-fermes, et les ateliers deviennent l'une des principales activités scolaires. Quant aux organisations de jeunesse maréchalistes, elles sont introduites dans l'île dès décembre 1940. Etablie dans la capitale, la première institution de ce genre pour jeunes Malgaches a pour vocation principale l'apprentissage industriel. Pourtant, le 20 mai 1942, ce camp va être transféré à la campagne, à Angavokely, Armand Annet estimant que le « retour à la terre » doit rimer dans la réforme qu'il entreprend à Madagascar.

En promouvant entre 1940 et 1942 un retour aux traditions, les dirigeants pétainistes de l'île encouragent de fait un retour à la Madagascar du roi Andrianampoinimerina. Au cœur de ce projet de retour aux sources à Madagascar se trouvent des notions d'autorité, de hiérarchie sociale, de rituels et de tributs au chef, ainsi que le travail forcé. Selon Jennings, « experts coloniaux, bureaucrates et hauts fonctionnaires à Madagascar sous Vichy ne se lassèrent pas de mettre l'accent sur l'extraordinaire concordance entre hiérarchies malgaches et Révolution nationale »[129]. Pétain est considéré comme *ray amand'reny* ou *vovonana iadian'ny lohany*, « faîte sur lequel reposent les chevrons du toit ». Le premier mai est transformé en Fête pétainiste. En 1942, on met en scène de splendides défilés. Cette dernière commémoration de masse de la Révolution nationale à Madagascar, survenant à seulement quelques jours de l'attaque britannique-surprise sur Diégo-Suarez, représente l'apothéose symbolique de Vichy dans l'île. Dans la matinée du deux mai, sous le signe « Le travail est à l'honneur », des manifestations officielles ont lieu dans les chefs-lieux des départements et dans les

---

[129] Eric T. Jennings, *Vichy sous les Tropiques. La Révolution nationale à Madagascar, en Guadeloupe, en Indochine, 1940-1944*, Paris, Grasset, 2004, p. 93.

cités industrielles. L'après-midi, sous le signe « Le travail est en fête », des manifestations théâtrales, cinématographiques, et sportives sont organisées. A l'étage du magasin Le Printemps, un immense portrait du Maréchal, garni de banderoles tricolores, dominant de Sa Majesté le rassemblement populaire, rappelle que c'est le jour de réconciliation générale de tous les Français, de tous les travailleurs et de toutes les classes, dans une coopération plus étroite entre les ouvriers et le patronat. (Ailleurs dans l'Empire français, en Indochine occupée, c'est un mandarin maurrassien, Pham Quynh, qui servira comme ministre de l'Instruction dans la version annamite de cette « Révolution Nationale »).

Si Boudry s'est fait persona non grata sur la Grande Île en 1940, son ami-poète semble avoir une place modeste dans cette Révolution nationale à laquelle Charles Maurras finit par se rallier malgré sa haine du « Boche ». En janvier 1941, le seul numéro de la *Revue de Madagascar* ressuscitée par la collaboration compte reprendre le rôle que lui avaient assigné ses fondateurs : « Plus que jamais elle s'attachera à faire connaître l'œuvre éminemment française qui se poursuit dans la Grande Ile et a resserrer les liens qui unissent la terre malgache à la Métropole ». Elle a donc « le grand honneur, au moment où elle renaît, de reproduire les appels et les messages du M. le Maréchal Pétain, Chef illustre et vénéré, a ces derniers mois adressés aux Français de la Mère Patrie et de l'Empire »[130]. A part ce florilège de textes prônant unité nationale et régime hiérarchique et social, on trouve, dans la section « Vie politique », une évocation du retour de Cayla et quelques-unes de ses « paroles de chef ». Des photographies illustrent des « œuvres de redressement », une manifestation de loyalisme indigène à Antakara, et une œuvre de guerre par l'Entraide Coloniale Féminine. Côté culturel, la *Revue*

---

[130] *Revue de Madagascar*, 28, janvier 1941, s.p..

inclut des articles de Raymond Decary et Urbain-Faure, sur les sites et monuments naturels de Mada Crégis de Majunga et de Diego-Suarez, de J. Chauvin sur les tamboho d'Imerina, et de Rabearivelo sur « Poésie et folklores malgaches, quelques chansons populaires recueillies dans diverses régions de la Grande Île ». Le poète y cite Robert-Edward Hart : « Si je mets en parallèle la forme archaïque de cette poésie et sa forme contemporaine, je vois d'abord le jaillissement d'une musique puis sa cristallisation »[131]. Les poèmes choisis par Rabearivelo illustrent la riche diversité des populations de la Grande Île, où se côtoient Antakorana, Sihanoaka, Tanala et Merina. Il passe ensuite à la jeune poésie Merina, dont la tonalité mélancolique semble convenir au défaitisme pétainiste : « Elegie de minuit » de Samuel Ratany (dédié à Rabearivelo) ; « Nocturne » de J-H Rabekoto, « Nostalgie » de Raelison-Rasamoely, et les « Stances de Rabearivelo lui-même : « ô mon cœur d'exilé… ». Comme pour compléter cette ambiance, le numéro s'achève sur un compte rendu des *Rythmes anxieux* d'un certain Jean d'Imerne : « Voici un recueil de poèmes écrit par un désenchanté… Esprit douloureux et inquiet, il fait penser à cette inscription gravée sur une stèle funéraire perdue dans la forêt de Scutari : « Le monde n'est qu'une déception » »[132].

Mais la Révolution Nationale menée sur la Grande Île ne va pas durer. En septembre 1942, les Britanniques débarquent à Diego-Suarez et affrontent une résistance française qui s'avère tenace. Un tel outrage à la souveraineté nationale pousse Charles Maurras à abandonner son admiration antérieure de l'impérialisme d'outre-Manche : « Les actes de félonie que l'Angleterre continue de multiplier contre nous rendent singulièrement ardus et, en tout cas, lointain tout avenir d'entente entre les

---

[131] *Ibid.*, p. 97.
[132] *Ibid.*, p. 178.

Anglais et tout Français digne de ce nom »[133]. Avant la fin de l'année, Madagascar est sous le contrôle des alliés. Quant à l'Action française, elle sortira du conflit fatalement compromise par son association avec le régime de Vichy, et son Maître passera ses dernières années en prison.

Le 11 octobre 1944, Léon Cayla, déjà mis à la retraite, est convoqué devant la Commission d'épuration pour répondre de ses activités au début de la guerre. Dans sa plaidoirie pour la défense, Me Le Coq de Kerland rappelle à la Commission le succès de Cayla au Grand Liban pendant les années vingt : « Une condamnation contre Cayla c'est la répercussion au Liban, et le Liban c'est un peu de l'histoire de France ». En 1940-41, Cayla n'avait envisagé « aucune agression militaire contre les Anglais, aucun contact avec les Allemands ». Il aurait tenté de soulever une résistance à Dakar, ce qui explique sa mutation à Madagascar. Ses correspondances avec Vichy portaient en tête « république française » et dans son bureau, comme dans ses salons, « le buste de Marianne accueillait toujours les visiteurs ». Certes, l'accusé a été troublé par l'occupation de Diego-Suarez par les Britanniques et prit la parole à un meeting de protestation qu'organise à Paris le Parti Populaire français de Jacques Doriot, mais « non seulement il n'a joué le moindre rôle dans les organisations de ce groupement... en définitive il n'a pas confirmé l'adhésion qu'il avait annoncée dans les circonstances »[134].

Dans son audition Cayla, par sa propre voix, réaffirme son esprit de résistance de première heure :

> A Dakar, dès confirmation de la nouvelle que des pourparlers d'armistice étaient engagés, j'ai fait toucher le Général Barreau pour lui faire dire qu'à mon avis l'armistice ne devait pas viser l'Empire qui avait toutes ses forces intactes et ne désirait qu'une chose : montrer son loyalisme envers la

---

[133] *Action française*, 28 septembre 1942.
[134] ANOM : Fonds Cayla, carton 38.

France... j'ai été obligé de m'en rapporter à l'opinion du Général. En réalité l'armement est insuffisant, et on n'a pas en mains officiers et sous-officiers. En plus, Noguès l'informe : « la marine ne pourra marcher avec nous ».

L'idéal de Cayla « a toujours été que les Français s'unissent pour faire une France forte ; je ne songeais qu'à une chose : c'était que l'Empire ne connaisse pas de troubles et que les Français ne se battent pas entre eux ». Cet idéal aurait guidé son action sur la Grande Île :

> J'arrive à Madagascar. Là l'état d'esprit eût été, je crois, favorable à un mouvement de résistance. La colonie est très éloignée et l'opinion plus facile à manier. Je crois que si j'étais arrivé plus tôt, j'aurais pu déclencher le mouvement de résistance, même avant la signature de l'Armistice... Quand j'arrivais, évidemment, il était trop tard. Je ne me suis pas mis dans la résistance comme je le voulais avant l'armistice. J'ai été envoyé par le Gouvernement et par conséquent ou je renonçais à mon poste ou je devais être un fonctionnaire correct. Je serai un fonctionnaire correct.

Aussi fait-il arrêter Dagron, secrétaire de de Coppet, pour « agitation anti-gouvernementale ». En ce qui concerne Boudry, l'interrogateur cite une plainte de sa fille : « elle demande des sanctions contre vous. Elle vous traite de Français indigne et vous accuse d'avoir fait arrêter des fonctionnaires ». Cayla lui réplique :

> Je vous ai dit lors de mon premier interrogatoire que M. Boudry, que je considérais comme un ami, m'avait mis dans une situation extrêmement difficile. Il avait fait publier, lui Directeur du Contrôle financier, un article dans lequel on disait que l'on n'entendait plus à la radio aucune voix française si ce n'est celle venant de Londres, et il était venu me voir en me disant : « Le Gouvernement de dictature est absolument contraire à mes idées ». Je lui dis : « Ne faites

pas d'agitation dans ce pays ni de propagande anglaise aux yeux des indigènes ».

Cayla estimait qu'il fallait que la Résistance soit organisée avant l'arrivée des alliés afin que les Français ne se battent pas entre eux. « Jamais je n'ai été collaborationniste », affirme-t-il : « J'exécutais les ordres du Maréchal Pétain que je croyais d'accord avec la Résistance. D'ailleurs, quand je suis arrivé à Vichy les gens les plus hostiles à toute idée de collaboration étaient persuadés que Pétain roulait les Allemands... J'ai été un fonctionnaire correct ».

A Madagascar, « la propagande anglaise a toujours été très mauvaise pour les indigènes, il ne fallait pas laisser faire ». D'où ses mesures « anti-anglaises ; révocation de fonctionnaires ; interventions à la radio ». Il s'agissait d'« empêcher un soulèvement intérieur : ce n'était pas le moment ». Quant à sa prise de parole au meeting de la salle Wagram, contre le débarquement britannique à Diego-Suarez, il affirme ne pas connaître le PPF ni Jacques Doriot. En outre, Cayla prétend avoir été dans la Résistance depuis 1942 : « vous me permettrez de consulter mes amis de la Résistance jusqu'à ce que nous nous revoyions, car il y a des choses que je ne peux dire ici »[135]. Mais dans le contexte mouvementé de la Libération, ces plaidoiries ne sauvent pas Cayla de l'épuration : il est condamné à cinq ans de prison et expulsé de la compagnie de la Légion d'Honneur. A Tananarive, le tunnel et l'avenue Léon Cayla sont débaptisés.

Pourtant, le sort du « Virgile volant » est moins triste que celui de Lucien Montagné, ancien allié de Rabearivelo. Au début de la guerre, Montagné est gouverneur du Togo. Il ne fait aucun signe de dissidence lors de l'armistice, et, suite aux sinistres décrets de Vichy, fera les déclarations qu'il

---

[135] ANOM : FM/ee/ii/3683/1.

faut pour continuer dans la fonction publique : « Votre grand-père est-il ou était-il de race juive ? Non... Confession : catholique », etc. Mais suite à la Loi du 11 août 1941 sur les Sociétés secrètes, Montagné, membre du Grand Orient, se voit déclaré démissionnaire d'office de ses fonctions. Il y a des mauvaises langues prêtes à condamner un tel représentant de l'« anti-France ». Ainsi, à Vichy, le 22 octobre 1941, un certain « Tagn » exhume un épisode sordide pendant le séjour de Montagné en Océanie :

> Avant d'être Gouverneur du Togo ; Montagné occupé un poste analogue à Tahiti, il se trouvait dans les établissements français en 1934. A cette époque je me trouvais dans cette colonie et fus témoin d'un scandale dans lequel Montagné eut un rôle de premier plan. L'affaire Koug Ah peut être comparée à l'affaire Staviski, en effet les mêmes moyens de corruption furent mis en œuvre. Il s'agissait pour un banquier chinois appelé Koug Ah d'accaparer l'épargne publique pour acheter des marchandises imaginaires ; les fonds étaient envoyés en Chine et au bout de quelque temps, le banquier faisait faillite à Papeete, escroquant de cette façon toute la population indigène. Pour que cette opération réussisse Koug Ah profita de la complicité non seulement du Gouverneur mais d'un grand nombre de fonctionnaires ; ces derniers étaient francs-maçons et appartenaient au parti radical socialiste. A la suite de ce scandale un clan s'opposa au Gouverneur qui dût être rappelé en France où il débarqua le 20 juin 1935.[136].

La veille, son nom est sur la liste par obédience des dignitaires publiée au *Journal Officiel*. Profondément atteint par cette humiliation, ce héros de la Grande Guerre et brillant serviteur de l'Empire français, meurt le 14 mai 1942, laissant une veuve et une famille nombreuse. Par décret du 20 janvier 1946, le Gouverneur Montagné est réintégré à titre posthume dans son emploi. Selon une note

---

[136] ANOM : FM : ee/ii/4108/2.

de la Direction du Personnel, « l'injuste mesure dont il a été frappé par le Gouvernement de Vichy lui a causé un grave préjudice moral et matériel. Son décès prématuré a laissé sa femme et ses enfants dans une situation très pénible, et presque dénuée de ressources »[137]. Ainsi s'achève le destin de celui qui fut le premier allié français du futur maurrassien Rabearivelo.

---

[137] ANOM : FM/ee/ii/6748/montagné.

Le drame de 1947

La Seconde Guerre mondiale va secouer les vieux empires européens, ouvrant la voie à un processus douloureux de décolonisation. En ce qui concerne Madagascar, Jacques Rabemananjara va jouer un rôle majeur. Son itinéraire contraste déjà avec celui de son Maître en poésie. En 1939, il fait un voyage en France, ce rêve que la vie avait refusé à Rabearivelo. Pour fêter la 150ème année de la Révolution française, la France désirerait que ses colonies soient représentées dans le cortège que Paris organise pour commémorer 1789. Le poète représente la jeunesse intellectuelle malgache : aux côtés d'un colon, d'un pasteur, d'un notable et d'un agent de l'administration, il défile le long des Champs-Elysées. Mais les Malgaches n'ont obtenu qu'un bref permis de séjour en France et Rabemananjara désire y rester. Heureusement, Ernest Mandel, ministre des Colonies, lui obtient une rapide naturalisation et grâce à elle la possibilité de travailler dans son cabinet et d'entreprendre à la Sorbonne des études de lettres. Rabemananjara participera à des émissions sur l'Empire pour Radio Paris et Radio Vichy, et grâce probablement à l'influence d'une journaliste allemande, Erica de Bary, donnera des entretiens aux journaux collaborationnistes *L'Œuvre* et *Le Petit Parisien*. C'est également pendant ces années noires passées à Paris que Rabemananjara rencontre le groupe d'Antillais et d'Africains, qui deviendront les poètes de la négritude et promoteurs de la revue *Présence africaine*.

Rapidement radicalisé, Rabemananjara sort de la guerre profondément engagé dans la lutte anticoloniale. Le 20 novembre 1945, toujours à Paris, il rédige une « Mémoire relative à la naissance du Mouvement démocratique de la rénovation malgache (MDRM) ». Le poète-politique explique la nouvelle donne dans les empires :

> Le dogme de la supériorité des Blancs se déprécie certes. Mais c'est au-delà de son effondrement que se situe le problème : celui-ci découle directement du manque d'orthodoxie entre les paroles de l'Occident et ses actes, entre ses principes et sa conduite. L'Orient et les Tropiques, déçus, se replient sur eux-mêmes. La réflexion de la désillusion aboutit à la perception claire de leur singularité dans le monde. Elle les amène aussi, sur le plan de la vie réelle, à saisir le fondement de leurs droits et de leurs devoirs, à apprécier la légitimité de leurs aspirations.

Le nationalisme qu'on leur reproche « n'est que la somme dynamique de leurs réactions : la cristallisation de tous les réflexes défensifs sortis de l'engourdissement et du sommeil, pour s'épanouir en gerbes d'élans vitaux et d'énergies offensives »[138].

Les élections législatives de novembre 1946 voient le triomphe du MDRM, qui, sans aller jusqu'à revendiquer l'indépendance absolue, aspire à un Etat libre au sein de l'Union française. Maintenant député de la Côte-Est, Rabemananjara se lance dans une activité frénétique sur la Grande Île. Au cours de décembre 1946 et janvier 1947, il s'adresse à des meetings politiques sous le slogan, « pas d'Union française sans indépendance ». Il est surveillé de près par la Sûreté générale. Le 7 janvier 1947 à l'Ecole officielle de Mananjary, il déclare : « Les Malgaches ne sont pas racistes mais ils n'admettent pas qu'on dise qu'ils sont anti-français. Nous n'admettons pas plus d'être taxé d'anti-français que nous tolérerons dans notre pays des Français qui sont anti-Malgaches ». Le peuple ne saurait être divisé éternellement en tribus, qu'elles soient Ambaniandro, Sakalava ou Andevo : « Tous Malgaches chez nous, entre nous, sur une terre qui nous appartient, notre même patrie ».

---

[138] ANRM : D 867, « Surveillance de Jacques Rabemananjara ».

Le 9 janvier 1947, un chef de district rapporte une conversation avec Rabemananjara au chef de la province de Fianarantsoa :

> Rabemananjara me fit une ardente profession de foi sur ses sentiments français. Il ne poursuit pas et ne poursuivra jamais, sur le plan local comme sur le plan parlementaire, une action politique destinée à évincer la France de Madagascar... Il s'efforce à tout prix de créer chez les populations malgaches « la conscience nationale ». Il reprend à cet effet toutes les idées-forces qui caractérisent les nationalismes : le sol sacré de la Patrie, le mysticisme des frontières naturelles, les droits historiques des Malgaches, les traditions communes. Il déclare ouvertement même l'ère des martyrs et des mystiques subissant les persécutions.[139]

Le régime colonial se sent menacé par la vague de nationalismes qui se déferle à travers le monde depuis la guerre. A Madagascar, la Seconde Guerre mondiale, marquée par une régression et un retour aux procédés (réquisitions diverses de travailleurs et de produits) de la guerre précédente, met fin à la « politique de sympathie » menée depuis 1930. En outre, la chute de la France métropolitaine puis la conquête britannique de la Grande Île nuisent gravement au prestige du *Fanjakana frantsay*.

Le 27 mars 1947 se tient une réunion du MDMR en vue d'établir une liste de candidats. A la fin de cette réunion, un certain Rakoto François vient les avertir que des bruits circulent au sujet d'incidents prévus pour le 29 mars. Aussitôt, le bureau politique du parti envoie un télégramme à toutes ses sections, les exhortant au calme. La nuit du 29 au 30 mars, la révolte éclate quand même et 150 Européens y trouvent la mort. Dans la répression qui suit, des dizaines de milliers d'indigènes seront tués. Les députés du MDRM sont arrêtés et torturés. Six dirigeants sont exécutés.

---

[139] *Ibid.*

Rabemanjara est condamné à un emprisonnement à vie et incarcéré pendant dix ans à Tananarive, puis Nosy-Lava et, finalement, dans la prison des Baumettes à Marseille. En attendant le jugement – qui pourrait bien être la peine de mort – Rabemanjara compose le poème *Antsa*, caché sous son matelas puis publié à Paris (avec préface de François Mauriac) : « Je mords ta chair vierge et rouge/avec l'âpre ferveur/du mourant aux dents de lumière/Madagascar ! »[140].

Cette ferveur nationaliste du jeune poète-politique contrasterait-elle avec l'amour de la France véhiculé par son Maître ? Comme les nouvelles arrivent d'affrontements violents près du village où il est enterré, le *Journal de Madagascar*, quotidien résolument colonialiste, invoque la souvenir de Rabearivelo :

> Puisse sa tombe, que n'indique dans la campagne de l'Imerina ni une inscription, ni un signe religieux, et que n'ombrage qu'un simple goyavier, être légère à ce poète de la solitude et du renoncement. Des hommes se battent aujourd'hui non loin d'elle qui devraient comprendre par son exemple tragique que la France et Madagascar peuvent vivre côte à côte.[141]

On voudrait que la répression restaure Madagascar à la normalité, à une place stable dans l'Union française proclamée à la Libération. Ainsi, en octobre 1947, la nouvelle série de la *Revue de Madagascar* consacre un numéro spécial à l'Exposition du progrès franco-malgache. Dans son discours d'inauguration, le Haut Commissaire, Marcel de Coppet, déclare :

---

[140] Eliane Boucquey-de Schutter, *Jacques Rabemananjara*, Paris, Seghers, 1964, p. 71.
[141] *Le Journal de Madagascar*, 5-6 juillet 1947.

> La rébellion n'est pas encore complètement réduite ; le pays se remet à peine de ses blessures, et nous inaugurons, aujourd'hui, la Foire-Exposition du Progrès Franco-Malgache. Est-ce là un paradoxe ? Je ne le crois pas – car, cette Foire, si nous l'avions préconisée, c'est précisément pour ramener à leur signification véritable les douloureux événements que nous venons de connaître. La révolte qui s'achève est une chose grave ; elle a coûté bien des vies humaines ; les destructions, les ruines, seront longues à relever ; un climat de malaise est né que le temps seul pourra faire disparaître. Mais en dépit des crimes inspirés par quelques insensés, malgré l'odieuse machination tramée dans l'ombre par des ambitieux sans scrupules, le 29 mars 1947 ne doit pas représenter, ne représente pas une solution de continuité dans l'œuvre entreprise ici par la France, non plus qu'une cassure irrémédiable entre les Français et l'immense majorité des Malgaches.[142]

Il défend donc la « mission civilisatrice » qui aurait motivé la colonisation :

> Nous sommes venus à Madagascar avec notre humanisme, notre culture, nos traditions, nos techniques. Les disciplines ancestrales, dans la mesure où elles n'étaient pas compatibles avec la conception nouvelle de la vie qui accompagnait notre présence, par la force même des choses, ont été abandonnées. Nous avons introduit les libertés individuelles, les droits politiques, en un mot tout ce qui est inséparable de notre idéal démocratique. Avons-nous brûlé les étapes ? Certains le pensent. Mais le développement, aussi rapide que possible, d'un peuple mineur n'est-il pas la justification derrière toute entreprise coloniale ?[143]

A l'heure où, dans le monde entier, sonne le glas de la domination coloniale, « comment pourrions-nous ne pas nous réjouir d'avoir su bâtir une véritable Union Française,

---

[142] *Revue de Madagascar*, numéro spécial, octobre 1947, pp. 7-8.
[143] *Ibid.*, p. 8.

fondée sur l'association fraternelle de peuples libres ? »[144]. Dans cette marche vers le Progrès et la Liberté, la France a fait ainsi la preuve qu'elle demeurait « le meilleur et le plus désintéressé des guides »[145]. Les articles de ce numéro spécial présentent les missions catholiques à l'Exposition, et des aspects de la vie intellectuelle à Madagascar : histoire, ethnologie, l'Académie malgache encore présidée par Fontoynont, l'Institut scientifique... Un avenir paisible semble promis à l'Île. Dans son essai sur l'évolution des sociétés malgaches, Jacques Faublée affirme : « cette transformation des Merina, si rapide qu'elle prend allure de révolution plus que d'évolution, prouve que les sociétés malgaches, même celles qui paraissent archaïques, peuvent se transformer »[146]. On réserve une place restreinte à la poésie, mais ses thématiques sont anodines (et peu républicaines) : « Pâques familières » de Gilberte Ralaimihoatra, « Dimanche » de Marie Garin.

Rabearivelo est donc absent de cette fresque d'une Madagascar en voie de pacification, mais il réapparaît dans la *Revue* au début de l'année suivante. Prosper Rajaobelina y examine « La Nostalgie dans la poésie malgache » :

> Ils étaient nombreux environ 1926 – les Avana Ramanantoanina, Samuel Ratany, Jean-Joseph Rabearivelo, je ne cite que les morts – qui ont fait de cette insatisfaction l'inspiration première de leurs poèmes. Il est remarquable comme leur influence se fait sentie jusqu'à maintenant à lire les nombreux imitateurs qui les ont suivis et qui visent l'audience du public actuel.[147]

A ces poètes de l'« insatisfaction » s'ajoutent Eliza-Fredi et Dox. Quant à Rabearivelo, son originalité « semble

---

[144] *Ibid.*, p. 9.
[145] *Ibid.*, pp. 14-15.
[146] *Ibid.*, p. 81.
[147] *Revue de Madagascar*, 3, janvier-avril 1948, p. 68.

être d'avoir coupé court à ce sentiment du passé, sans s'être tourné pour cela, vers un avenir durable. Son avenir est encore vide comme le passé qu'il sera. Ecoutons ces cris : « O ! souvenir ! de cendres/est devenu le passé/couleur de lait » On voit facilement le passage de ce sentiment d'insatisfaction à la nostalgie de la mort »[148]. Dans sa conclusion, Rajaobelina esquive studieusement une explication politique de la nostalgie qui sévit dans ces œuvres :

> Il serait passionnant de chercher des explications à cet état d'âme. On en a proposé de multiples. Les Malgaches sont des déracinés ; leurs ancêtres ont quitté la Malaisie il y a des siècles et l'âme malgache en peine se souvient de ces terres lointaines qui avaient jadis nourri ses aspirations et ses espoirs. Quelques-uns disent qu'une nouvelle culture est en train de se former et que les Malgaches sont à un carrefour où déjà ils ont quitté l'ancienne vie sans encore pouvoir embrasser la nouvelle et que de là provient un certain déséquilibre. D'autres prétendent qu'il faut croire à une influence bouddhiste. Les gens pratiques parlent du paludisme qui mine toutes les énergies et qui ne fait pas voir la vie en rose. Il doit y avoir du vrai dans tout cela, et discuter chacune des thèses dépasserait le cadre de cet article. Mais en tout cas cet état d'âme permet de comprendre certaines des contradictions du tempérament malgache à la fois nomade et sédentaire.[149]

Une approche moins circonspecte de cette « insatisfaction » s'exprime dans les pages de *Climats. France et Outre-Mer*, journal dirigé par Maurice Chevance, ancien résistant en Afrique. Si ce journal est partisan de l'Union française, il critique sans ambages les défaillances des autorités, de la Guinée à l'Indochine en passant par Madagascar. Dans le numéro du 19 juin 1947, Arc Rudel

---

[148] *Ibid.*, pp. 71-72.
[149] *Ibid.*, p. 74.

retourne au suicide de « celui qui fut appelé le prince des poètes de l'océan indien…, devenant le Chatterton de Tananarive, le René Crevel de la France australe ». Rudel nous rappelle l'engouement de Rabearivelo pour l'astrologie :

> Il était né à Tananarive le 4 mars 1901. Son esprit de magicien sensible aux correspondances voyait en ce signe de Mars l'annonce dissimulée d'une violence… Sans doute l'admiration qu'il avait pour Jean-Jacques y fut pour quelque chose, et aussi, j'aime à croire, la mystérieuse intuition du rôle qu'il allait jouer dans les lettres malgaches, ce rôle de Baptiste et de Précurseur. Intuition plus mystérieuse encore de l'époque de sa fin, puisqu'il fut enterré un 24 juin, en ce jour de Saint-Jean, en la grande fête cosmique du solstice d'été, quand le soleil touchant enfin la ligne du Cancer est au suprême éloignement de sa Grande Île à lui, l'enfant du capricorne.

Dans le contact du jeune Rabearivelo avec la culture occidentale et surtout française, Rudel voit une série d'identifications presque infantiles :

> Tous ses amis savent sa terrible fringale de culture. Il se fit tout seul dans u effort prométhéen qui est, à mon avis, rigoureusement sans précédent sous les Tropiques. Le peu d'argent qu'il avait, il le dissipait à acheter des livres. Aussi s'est-il identifié à tous les écrivains qu'il put aborder… Rabearivelo, simplement, a poussé un peu plus loin que d'autres l'esprit d'enfance. Et cela aussi n'a rien que de très naturel. Sa race même est toute enfance. De plus, il s'est trouvé seul, lui, « l'enfant des colonies arides », devant les nourritures étrangères.

Rabearivelo s'avérerait un « étouffé vivant » : « Au moment où il pouvait se dégager enfin lui-même de l'avide enfance, où sa véritable chance d'être écrivain lui était offerte, il périt étouffé de la prolifération même qu'il avait tolérée et encouragé en lui. L'ivraie avait eu raison des fleurs ». Le « voyage manqué » est un autre aspect de ce drame de l'étouffement :

> L'air du large, le contact charnel de la deuxième patrie, lui ont manqué. Lui, qui tout en se voulant jalousement et ombrageusement Malgache – il fut attiré à une époque à Maurras – se voulait également et orgueilleusement Français, lui que tout appelait de nos sites classiques et de nos décors romantiques, se vit interdire par deux fois le voyage en France. Comme il n'était pas question pour lui, avec son salaire modeste, de payer de ses deniers le passage, il sollicita du Gouverneur-Général une place dans la délégation que La Grande Île envoyait à l'Exposition de 1931. Cette faveur lui fut refusée. On envoya ses livres. Il en fut profondément affecté. Le même incident se reproduisit à l'occasion de l'Exposition de 1937. De cet étouffement, nous sommes tous un peu responsables.

Rudel tire donc une leçon politique de ce suicide. Ce n'est pas le fait qu'Icare soit tombé qui est imputable aux Français, mais bien le fait qu'« il soit tombé si vite. Son drame c'est aussi d'être venu trop tôt. Dans une Union française bien comprise, un homme comme lui doit trouver l'occasion de briser sa solitude. Son cri d'Icare retombant, qui se mêle maintenant au vent du Sud dans les herbes, ne peut plus ne pas être entendu ».

Dans cette page consacrée au dixième anniversaire de la mort de Rabearivelo, on trouve une reproduction de son dernier poème inédit, « Le Buste », qui anticipe sa disparition, et une « Thrène pour l'enfant céleste » d'Ivan Boissonnet-Monnier, un poète de Tuléar qui regrette son « impossible rencontre » avec le Chatterton imerne :

> Dans cet Ailleurs secret où ton vol se situe,
> Tes chants te sculpteront la plus noble statue ;
> Tête boudeuse – pour quel tyran abattue ?

Ah ! qu'éloquente encore est l'Ombre qui s'est tue ! [150]

Dans cette période trouble, il reste d'autres défenseurs de la colonisation. En France, Léon Cayla, épuré de la fonction publique pour faits de collaboration, rédige un essai-mémoire, *Terres d'outre-mer*, où il se penche sur le destin de l'Empire qu'il a servi avec dévotion. Pour lui, la Troisième République avait eu sans cesse à défendre son œuvre coloniale contre l'incompréhension de bon nombre de Français : « Trop de gens persistaient à voir dans ses constructions lointaines la manifestation onéreuse d'un esprit de panache et de conquête, exploité par un capitalisme insatiable. L'opinion publique, mal renseignée, était portée à considérer nos colonies comme le luxe du régime »[151]. Ces Français oubliaient que l'Empire était constamment présent dans nos villes et nos campagnes :

> Il était sur toutes les tables familiales avec le café, le chocolat, le thé, le poivre, le tapioca, le rhum, la vanille, et leur fournissait des contingents appréciés de sucre, de viande de céréales, de fruits ensoleillés et de vins généreux. Il était dans nos usines et dans nos ateliers artisanaux avec ses matières grasses, transformées en huile, en savon, en graisse végétale, avec ses tabacs, son caoutchouc, ses bois précieux, ses cuirs, son mica, son cristal de roche, son graphite et des minerais divers. Il était aussi dans nos champs avec les phosphates dont notre vieille terre a tant besoin, et les biens imputrescibles du raphia.[152]

Inversement, la France entière intervenait dans l'essor et l'approvisionnement de ses terres les plus éloignées : « Sa pensée y pénétrait avec ses livres et ses éducateurs ; ses méthodes avec ses administrateurs, ses techniciens, ses

---

[150] *Climats*, 18 juin 1947.
[151] Léon Cayla, *Terres d'outre-mer. Destin d'un empire*, Paris, Editions du Triolet, 1948, p. 7.
[152] *Ibid.*, p. 8.

moniteurs et ses colons ; son travail manuel avec les produits les plus divers de son agriculture et de son industrie »[153].

Cayla se tourne ensuite vers « le drame malgache ». Entre les événements tragiques de l'Indochine et ceux qui viennent d'ensanglanter la Grande Île depuis la nuit du 29 mars 1947, on est porté à voir une analogie. Mais, selon Cayla, on ferait erreur si l'on poussait trop loin la comparaison :

> Madagascar ignorait, en effet, les perpétuelles intrigues que les sectes politico-religieuses entretenaient dans les pays annamites et son isolement même le mettait à l'abri des influences étrangères qui s'exerçaient au Tonkin, en Annam et en Cochinchine. Il y existait, sans doute, depuis longtemps un clan nationaliste que notre présence incommodait et qui aspirait à la restauration d'un gouvernement malgache, mais son action était à peu près nulle. Le complot qu'il avait tenté d'ourdir contre la France pendant la Grande Guerre avait avorté. Les meneurs de la société secrète (VVS), qui devait prendre la tête d'un mouvement insurrectionnel, avaient été condamnés à des peines diverses. Leur propagande particulièrement odieuse à l'heure où la France était tenue d'engager toutes ses réserves contre l'Allemagne, s'était effondrée. La victoire des Alliés avait porté le dernier coup à des espoirs qui ne pouvaient reposer que sur l'éventualité d'une défaite de nos armes.[154]

La générosité française fit grâce, à cette époque, aux « peu intéressants instigateurs » de la VVS. Après la restauration du calme, l'administration française, aidée de ses collaborateurs autochtones, put travailler en paix à « l'œuvre de rapprochement et de coopération qui était sa préoccupation essentielle ». Evitant de réserver ses faveurs à des personnalités qui auraient pu en abuser, mais toujours

---

[153] *Ibid.*, p. 9.
[154] *Ibid.*, pp. 49-50.

prête à manifester son intérêt et sa sympathie à la population tout entière, limitant la sévérité, quand elle était indispensable, à défendre l'ordre « contre quelques trublions » pour se garder d'avoir un jour devant elle des masses égarées, elle « s'attacha à concilier dans les cœurs malgaches l'amour de la France et celui de leur petite patrie » :

> Le succès de la fête annuelle des enfants, oubliée depuis Gallieni et remise en honneur avec éclat, la présence en nombre croissant des autochtones aux réceptions officielles et dans les réunions d'anciens combattants, la place prise par les Malgaches dans les débats des assemblées locales et la manifestation du 28 mai 1938 étaient autant de signes d'une entente qui se fondait sur une compréhension mutuelle.[155]

Cependant, depuis l'insurrection du 29 mars 1947, le pays n'a pas encore retrouvé le calme d'antan : « les principaux chefs de la rébellion sont emprisonnés depuis plusieurs mois, mais la crédulité sans borne de leurs troupes leur attribue un pouvoir surnaturel... ». Une partie de la côte orientale et de la grande forêt se trouve dans une situation qui ressemble beaucoup à celle qu'on a connue en 1896. Si les populations ont regagné peu à peu les villages abandonnés, la petite colonisation hésite à se réinstaller, faute d'une sécurité suffisante. Un « effort vigoureux de plusieurs années » serait nécessaire pour « reprendre à la brousse les plantations qu'elle a envahies, pour rebâtir les immeubles incendiés, replacer le matériel mis hors d'usage ou enlevé ». Mais, conclut-il, rien ne compensera les pertes humaines :

> Le deuil atroce qui frappe des centaines de familles sera longtemps ressenti. Madagascar, qui avait échangé le surnom d'île rouge, qu'elle devait à la couleur de son sol, contre celui

---

[155] *Ibid.*, pp. 50-51.

d'île heureuse, a tristement récupéré, avec un sens nouveau, son ancienne appellation. Plus profondes que les érosions qui, au cours des siècles, ont crevassé ses terres, un fossé s'est creusé entre les hommes. Il faudra lancer bien des ponts pour rétablir les relations confiantes sans lesquelles rien de durable ne saurait être fait. Etre « le père et la mère » d'un peuple, cela exige à la fois de la bienveillance et de l'autorité.[156]

Egalement en 1948, l'ancien gouverneur général demande sa propre grâce. Il écrit au Président de la République, Vincent Auriol, pour lui rappeler son esprit de résistance dès la première heure. Cependant, Cayla devra attendre 1954 pour être amnistié et 1959 pour être réintégré dans le grade de Commandeur de la Légion d'Honneur. Il meurt en 1965, cinq années après l'indépendance de Madagascar.

Le destin de Cayla contraste donc sensiblement avec celui de son ancien subordonné, Robert Boudry, même si ces hauts fonctionnaires se trouvent, à leurs propres manières, mal compris et maltraités par les autorités. Gaulliste de la première heure, Boudry est réintégré dans les cadres en décembre 1944 et nommé Directeur à l'Administration centrale des Finances. Ensuite, il est nommé secrétaire général de Madagascar en janvier 1945, gouverneur de 1er classe en septembre 1945, et finalement gouverneur général intérimaire le 27 mars 1946 jusqu'à l'arrivée le 19 mai du Haut-Commissaire, Marcel de Coppet. Mais il est rappelé de Madagascar en octobre 1946. Dans une Note au Ministre d'Outre-Mer, de Coppet explique cette décision :

> M. Boudry est un humaniste, dans toutes les acceptations de ce terme, remarquablement intelligent, d'une grande culture sans cesse élargie par des apports nouveau et d'une haute

---

[156] *Ibid.*, pp. 64-66.

valeur morale. Grand blessé de la première guerre, écrivain de talent, poète délicat, artiste égaré dans les bureaux du Ministère des Finances, résistant de la première heure à Madagascar où il remplissait en 1940 les fonctions de directeur du Contrôle Financier, M. Boudry, par la vertu de ses mérites, s'est trouvé brusquement Secrétaire Général d'un Gouvernement Général et Gouverneur de 1re classe des colonies, c'est-à-dire au sommet d'une hiérarchie dont il n'avait gravi aucun échelon. Puisse-t-il à cette place importante qui nécessite des qualités d'action, de décision, de décentralisation et de sens politique qu'il ne semble pas avoir encore acquises devenir plus et mieux qu'un amateur. C'est le vœu sincère que je forme et pour lui et pour nos territoires d'outre-mer.[157]

Le 26 novembre, pour protester contre cette révocation, Boudry écrit au Ministre de la France d'Outre-Mer. Cette lettre est un véritable réquisitoire contre son successeur, De Coppet, et la politique menée à Madagascar, que nous nous permettons de citer in extenso afin d'illustrer l'évolution de la position de ce haut fonctionnaire :

> Il m'est particulièrement pénible d'être relevé de mes fonctions pour la seconde fois, dans des conditions humiliantes, et cette fois par le Gouvernement de la République à qui j'ai sacrifié jadis ma situation comme je l'ai été par le Gouvernement de Vichy… Il m'est douloureux de voir se reproduire dans le détail et cette fois du fait du Gouvernement de la République les circonstances qui ont accompagné en juillet 1940 la sanction prise contre moi : coup de poignard dans le dos par un homme sur l'amitié duquel je croyais pouvoir compter, absence de tout avertissement et de toute application comme de tout grief exprimé, et par suite impossibilité de présenter ma défense, hâte fébrile à se débarrasser de ma personne. Serait-ce un crime d'être républicain et résistant ? En quoi ai-je démérité et que me reproche-t-on ? La vérité est que, dès le début, j'ai porté ombrage à cet homme vieillissant, autoritaire et

---

[157] ANOM : FM/ee/ii/4686/1.

pusillanime, à qui Madagascar reproche justement de n'avoir pas eu le courage, en juin 1940, de l'entraîner dans la résistance, selon le vœu presque unanime de la population. J'avais sur lui l'avantage de connaître Madagascar et son administration mieux que personne, d'être déjà en place et d'avoir l'estime des Malgaches. Je suis allé à lui sans aucune arrière-pensée, en toute confiance comme vers un ami, let lui s'est méfié de moi, il est demeuré réticent, il a été jaloux de mon importance, il a désiré être l'homme indispensable, le seul, et, comme je le gênais, au lieu de se servir de moi, il m'a écarté. A mon tour, j'en aurais long à dire sur les méthodes employées par le Haut-Commissaire, sur les incertitudes et les variations de sa politique, faite tour à tout de faiblesse et de brutalité, - ce qu'est le propre du despotisme -, sur sa fuite devant les responsabilités. Le spectacle que donne actuellement l'Administration française à Madagascar, à une époque cruciale dans l'histoire du pays, n'est pas de nature à rassurer l'opinion ni à servir la cause française. Absence de cohésion entre les Services et désorganisation, manque absolu de confiance chez les fonctionnaires qui savent que leur chef ne les défendra pas, amoindrissement de l'autorité par l'abus de menaces qui ne peuvent être tenues et les palinodies, ignorance du pays et des hommes de ceux à qui sont confiées les plus hautes charges, rivalités et questions personnelles à une époque où tous les hommes de bonne volonté doivent établir un front commun, voilà ce que l'on peut à tout moment constater.[158]

Boudry entre ouvertement en dissidence. Il témoignera au procès des dirigeants du MDRM en 1947, ce qu'il raconte dans un article pour *L'Esprit*. Il rappelle que la réunion « séditieuse » du 27 mars 1947 avait lancé un appel au calme et demande : « Quel intérêt avait les parlementaires et le MDRM à déclencher la rébellion ? »[159]. Pour Boudry, les autorités coloniales avaient tout fait pendant les élections de novembre 1946 pour entraver

---

[158] *Ibid.*
[159] Robert Boudry, « J'ai témoigné au procès de Madagascar », *L'Esprit*, 2 février 1948, p. 133.

l'essor des nationalistes malgaches : refus de places dans les avions, refus de l'essence nécessaire, pressions sur les électeurs, découpage de la carte électorale, création d'un autre parti indigène, le PADESM. Ces autorités avaient provoqué afin de réprimer : il s'agissait de rien de moins que « l'incendie du Reichstag suivi de l'affaire Dreyfus »[160]. Sa conclusion est accablante :

> Cette France symbolique et salvatrice, émancipatrice des peuples opprimés qu'ils cherchent vainement dans un pays plein de soldats, de mouchards et de policiers, il faut la leur restituer dans sa grandeur, balayer une Administration colonialiste désuète, incapable d'assurer l'essor de Madagascar et d'appliquer loyalement les réformes essentielles.[161]

Egalement en 1947, dans *Climats*, Boudry fait le lien entre le « drame » de Rabearivelo et celui de Madagascar :

> A cette époque, la vie s'écoulait sans incident dans l'île qu'un gouverneur général avait qualifiée d'heureuse, sans égard pour ceux qu'accablaient les difficultés quotidiennes. Rabearivelo, petit correcteur d'épreuves dans une imprimerie, n'était rien de plus pour les *vazahas*, les Européens, qu'un Malgache entre tant d'autres, et, s'il écrivait, cela importait beaucoup moins que le prix du café. Pour la jeunesse malgache il était un chef de file, tour à tour adulé et jalousé. En lui disparaissait le premier écrivain malgache d'expression française, en lui s'éteignait le premier poète authentique de Madagascar, dont la voix eût franchi l'océan indien.

Une soif de culture fait la grandeur de Rabearivelo, mais elle le conduit aussi au drame, « car un jour vient où l'édifice qu'il a hâtivement construit tremble sur ses bases.

---

[160] *Ibid.*, p. 139
[161] *Ibid.*, p. 140.

La gloire ne vient pas assez vite, sa situation matérielle demeure insuffisante, l'inspiration lui a manqué. Pour la première fois, il doute de lui-même ». Pourquoi donc s'est-il suicidé ? Pour Boudry, beaucoup de raisons semblent l'avoir poussé :

> Il désire se rendre en France à l'occasion de l'Exposition universelle pour obtenir la consécration de Paris, mais le gouverneur-général lui préfère des artisans qui servent mieux sa propagande. Il demande à entrer dans l'administration – il réclame alors mille francs par mois -, mais l'administration tarde et rechigne. L'un de ses créanciers obtient contre lui un jugement par défaut. Le souvenir de sa fille morte le hante. Enfin le Chinois qui lui procure l'opium dont il a contracté le besoin, refuse de lui en fournir parce qu'il ne peut plus payer. Prises une à une, ces raisons ne justifient pas un suicide. Conjuguées, elles l'expliquent.

Boudry insiste ici sur l'importance de la psychologie de Rabearivelo : son narcissisme et sa morbidité romantiques :

> Une désintoxication trop brutale le jette dans un état de dépression extrême. Il devient incapable de travailler et ce sentiment d'impuissance, joint au dégoût qui le prend de sa vie sordide, est intolérable à son amour-propre. Il est trop fier pour réclamer une aide, il préfère disparaître. Au surplus, la mort prolonge son rêve et représente pour lui le moyen ultime de forcer la gloire. Jusque dans la mise en scène finale, Rabearivelo fait montre de ce romantisme noir qui se développa aux environs de 1920. Sa mort est celle de Deubel et plus encore celle de René Crevel et de Vacher. L'atavisme malgache accuse ce romantisme. Le goût du symbole, de l'attrait de la mort, le désir qu'il a de rejoindre sa fille morte, l'espèce de marché qu'il conclut avec la mort pour gagner la gloire, sa susceptibilité pointilleuse d'intellectuel qui souffre de n'occuper qu'une situation inférieure parce qu'il est homme de couleur et qu'il est pauvre, tout cela dessine les traits attachants de Rabearivelo. Son imagination et ses inventions verbales le grisent, il met un point d'honneur à

leur rester fidèle, et cette vanité serait ridicule si le suicide ne conférait à son œuvre une indéniable grandeur.

Cet ultime geste romantique fait écho à l'autre drame qui est en train de se dérouler à Madagascar :

> Cette griserie d'une vieille race qui s'éveille à une civilisation étrangère et se jette sur ses bienfaits comme sur ses vices, cette ivresse orgueilleuse de l'intellectuel que Rabearivelo pousse jusqu'au sacrifice, elle ne lui est malheureusement pas personnelle. C'est celle d'un Rabemanantsoa, peintre et sculpteur, qui sombre dans la folie, c'est celle de cet autre peintre, dont il faut tirer le nom de l'oubli, Robert Rasolomanitra, mort fou à 34 ans, c'est celle enfin d'un des meilleurs amis de Rabearivelo, le poète Jacques Rabemananjara qui délaisse la littérature pour l'aventure politique et se trouve mêlé aux événements tragiques qui ensanglantent aujourd'hui Madagascar. Ce sont là des faits qu'il serait dangereux de méconnaître. Ils révèlent le drame qui bouleverse l'élite malgache pour ne parler que de celle-ci. Nous avons donné à la jeunesse d'outre-mer l'instrument de la connaissance sans lui fournir les moyens d'en tirer immédiatement profit. Nous avons accordé l'égalité culturelle et refusé l'égalité sociale. Peu importe qu'on accuse cette jeunesse d'orgueil ou de présomption. On ne récrimine pas contre les faits. Il s'agit de remédier au mal qui mine les élites. Le drame de Rabearivelo et de ses pairs ne doit plus être qu'un drame du passé.

Rabearivelo lui-même, conclut son exécuteur testamentaire, « doit devenir le symbole de cet élan qui pousse les jeunes d'outre-mer vers cette intellectualité et la culture. Il doit devenir aussi celui de cette entente franco-malgache qu'il souhaitait et qu'il faudra bien établir un jour sur des bases humaines et durables »[162].

Boudry prend la parole à des meetings en solidarité avec les victimes de la répression. Par exemple, le 27 juillet

---

[162] *Climats*, 19 juin 1947.

1949, il participe à un meeting à Paris, sous le slogan « Assez de cadavres à Madagascar », organisé par le Comité franco-malgache et le Comité de Liaison des Associations anticolonialistes d'étudiants. Boudry se présente comme ancien « Gouverneur » de Madagascar. L'autre orateur est un étudiant communiste d'origine réunionnaise, Jacques Vergès. Ces activités militantes d'un haut fonctionnaire agacent l'administration. Le ministre de la France d'Outre-Mer écrit au Ministre des Finances au sujet de son Directeur dangereux :

> Se faisant la champion de « l'anti-colonialisme », l'intéressé soutient presque toujours des thèses accablantes pour l'administration d'outre-mer en général et pour notre politique à Madagascar en particulier. Sans partager toutes les opinions émises par M. Boudry, et que j'estime pour le moins contestables, je ne lui dénie pas le droit de les exposer comme tout citoyen ; mais il ne vous échappera pas que le titre de Gouverneur qu'il laisse accoler publiquement à son nom et auquel il ne peut prétendre, confère à ses affirmations une autorité qu'elles n'auraient point sans cela.[163]

Mais Boudry ne va pas s'assagir. Pendant les dix dernières années de sa vie, il signe des articles sur Madagascar dans *La Pensée*, revue communiste, et donne une forme littéraire de sa critique du colonialisme français dans un roman, *L'Île heureuse*. L'avant-propos annonce le ton de cette fresque peu flatteuse de la Madagascar coloniale de l'entre-deux-guerres :

> Quand on remonte à l'origine d'une nation, on trouve du sang et du linge sale comme à la naissance d'un enfant. A l'origine d'une colonie, il y a des massacres et des sermons de missionnaires, des mensonges et des spoliations, des viols et du travail forcé. L'homme a deux pieds et il en est fier, mais l'un barbote dans le sang et l'autre dans la fange. Il

---

[163] ANOM : FM/ee/ii/4686/1.

possède deux mains mais celles-ci sont habituées à frapper autant qu'à conduire la charrue. L'esprit dont il se vante sert autant à exploiter ses semblables qu'à construire des chemins de fer. Le progrès consiste à nettoyer sous les pieds des hommes, à empêcher les mains de frapper, à réduire à l'impuissance des esprits qui en exploitent d'autres.[164]

Ce roman suit les fortunes des passagers du *Colbert* qui débarquent sur la Grande Île. Dès son arrivée, Charles Frémaut, un fonctionnaire idéaliste, s'entretient avec César Bardin, homme d'affaires corrompu et directeur du *Courrier de la Grande Île*, qui lui dit : « Les Malgaches sont des *feignants* et il ne faut pas faire de sentiment avec eux. Il faut les dresser »[165]. Promu chef de cabinet du Gouverneur général, Adrien Fromenteau, Frémaut découvre les exactions des autorités à la campagne : les « rois de la brousse » passent leur temps à procurer des filles du village et de la main d'œuvre pour les exploitations. Fromenteau déclare : « Je ferai régner l'ordre et la justice, l'équité et le respect des lois »[166], mais la vie des Blancs est peu réjouissante sur le plan moral : cette communauté restreinte trompe son ennui par les aventures sexuelles, tout en s'enrichissant sur le dos des indigènes. Détaché à une exploitation forestière, un autre fonctionnaire idéaliste venu de Paris, Claude Valraz, témoigne d'injustices coloniales : « Au village des travailleurs, Claude eut un serrement de cœur. Ces hommes vivaient de façon misérable dans de mauvaises huttes, plantées sans ordre. Des femmes se fatiguaient à piler le riz, des enfants nus jouaient avec des chiens squelettiques au milieu de détritus »[167].

---

[164] Robert Boudry, *L'Ile heureuse. Madagascar*, Blainville-sur-Mer, L'Amitié par le livre, 1957.
[165] *Ibid.*, p. 34.
[166] *Ibid.*, p. 46.
[167] *Ibid.*, p. 68.

Le Gouverneur général est le double à peine voilé de Léon Cayla. Cet « homme à poigne » est à la fois dynamique et autoritaire : « Les projets succédaient aux projets et s'empilaient dans les cartons. Les Malgaches assistaient avec étonnement à cette débauche de plans sur lesquels ils n'étaient pas consultés »[168]. Adrien Fromenteau manie les hommes, les honneurs et l'argent :

> Pour rien au monde il n'aurait cédé l'une des minutes de sa journée, pour rien au monde il n'aurait renoncé, ne fût-ce qu'un moment, aux prérogatives de sa fonction. Aussi son orgueil devenait-il sans bornes. Tout ce qu'il disait et faisait était parole d'évangile. Chacun s'inclinait devant Adrien Fromenteau, représentant de la République.[169]

Chaque ville aurait son avenue Adrien Fromenteau, « la plus large, la plus belle, et au fronton des écoles, des hôpitaux, des maternités, rayonnerait encore son nom »[170]. Les Malgaches occupent les marges de ce roman, et l'opposition au pouvoir colonial semble faible. C'est en cachette qu'un des rares personnages malgaches, Rakoutoundrabé, lit *Justice*, un obscur journal nationalo-communiste : « son cœur battait quand il lisait des articles qui proclamaient le droit pour les Malgaches de devenir les égaux de leurs maîtres »[171]. Mais selon le narrateur, une belle façade ne peut cacher la crise profonde de la Colonie :

> Tout n'était pas parfait dans cette cité qui ne s'améliorait que pour permettre aux *Vazahas* de mieux vivre. Devant les rares fontaines publiques d'où coule un mince filet d'eau, des femmes loqueteuses et des enfants demi-nus faisaient la queue pour emplir leur bidon de fer blanc. Il n'y avait pas d'égouts pour recueillir les eaux usées qui dévalent les

---

[168] *Ibid.*, p.120.
[169] *Ibid.*, p.122.
[170] *Ibid.*, p. 123.
[171] *Ibid.*, p.199.

hauteurs dans le lac Anoushe et des buses montaient des odeurs de latrines. Les rats quittaient les rizières pendant la saison des pluies et propageaient la peste.[172]

Grâce à la modernisation, les autos roulent chaque jour plus nombreuses, des michelines blanches serpentent à travers les rizières et les premiers avions atterrissent à l'aéroport d'Itave. Tous ces progrès flattent les Malgaches, mais ils n'en profitent pas encore. Les mœurs elles-mêmes se modifient : « Sous l'influence des prêtres et des pasteurs, l'hypocrisie s'emparait des esprits... Pour la première fois... des Malgaches se suicidaient »[173]. La Colonie proclame : « Madagascar est l'île heureuse, l'emprunt à jugulé la crise ! »[174]. Mais en dépit de l'optimisme administratif, « la crise exerçait ses ravages. Elle frappait indistinctement »[175]. Avec la Grande Dépression, et obéissant à la loi d'airain de l'économie de marché, il y a trop de riz et de café : « L'abondance engendrait la misère, le paradis retrouvé le pire des cataclysmes »[176].

Dans la deuxième partie du roman, « Coups de sagaie », Claude dépose une plainte contre Bardin pour s'être emparé des bons de caisse de la Société Forestière. Bardin fuit l'île mais, usant de son influence, trouvera un accord avec la Société. Claude est viré. Avant son départ en disgrâce, un dernier allié, Chaussard, lui dit : « Les Malgaches aussi vous regretteront. Ils savent juger les *Vazahas*. Vous étiez juste et bienveillant avec eux. Vous leur apportiez surtout quelque chose qu'on ne leur a jamais appris et à quoi ils aspirent, la conscience professionnelle »[177]. Cela dit, en contractant la rage, Claude doit reporter ce départ. En plus,

---

[172] *Ibid.*, p. 198.
[173] *Ibid.*, p. 198.
[174] *Ibid.*, p. 213.
[175] *Ibid.*, p. 227.
[176] *Ibid.*, p. 228.
[177] *Ibid.*, p. 397.

un barrage qu'il avait bâti dans la brousse cède sous les coups d'un cyclone : « Il représentait à ses yeux son premier travail constructif, le seul qu'il ait mené à bien... Partir, il faut partir ! Il n'avait rien accompli de ce qu'il rêvait ! »[178].

En privé, le Gouverneur général porte un jugement sévère sur ce fonctionnaire dévoyé :

> Un maladroit, qui aurait mieux fait pour lui et pour tout le monde de se tenir tranquille, confiait Fromenteau à son nouveau chef de cabinet, qui lui apprenait le départ prochain de Valraz. Si on l'avait écouté, il aurait mis la Colonie à feu et à sang. On n'a que faire de trublions de son espèce surtout dans la période actuelle. La crise suffit pour jeter la perturbation.[179]

C'est à ce moment que le Chef de la Sûreté tend à Fromenteau un télégramme annonçant que Frémaut vient d'être assassiné par un Malgache, une sagaie plantée entre ses épaules. Le front du Gouverneur général se fait soucieux :

> Ce que la crise n'avait pu faire, abattre sa foi dans l'avenir, le geste d'un homme nu l'accomplissait. Il imaginait tous ces hommes seulement vêtus de leur pagne et armés de leur sagaie, se soulevant contre les Blancs et massacrant administrateurs et colons. A quoi serviraient tous ces travaux à l'exécution desquels il consacrait le meilleur de son temps si l'ordre et la sécurité étaient compromis, si la révolte demeurait attente, son entente était rompue entre Européens et Malgaches. L'Empire qui lui paraissait si ferme sur ses bases qu'il semblait éternel, venait d'être ébranlé par un coup

---

[178] *Ibid.*, p. 410.
[179] *Ibid.*, p. 413.

de sagaie. Pour la première fois Fromenteau doutait, et c'était son premier aveu de faiblesse.[180]

La Colonie attend le retour triomphal de Bardin. En première page du *Courrier de la Grande Île* s'étale un grand article à la louange de l'ennemi, intitulé « La fin d'une calomnie » : « On espérait jeter le discrédit sur la colonisation qui est l'honneur de Madagascar et de la France. Nous sommes aujourd'hui en mesure de démasquer les auteurs de ces bruits infâmes qui sont contraints de quitter l'Île sous les huées »[181]. Mais à l'arrivée du bateau qui doit ramener Claude et sa femme en France, on apprend que César Bardin est mort en mer. De telles péripéties indiquent que les jours d'une colonie corrompue, hypocrite et fondamentalement misérable sont comptés.

---

[180] *Ibid.*, p. 414.
[181] *Ibid.*, p. 418.

Rabearivelo anti-colonial

Dans *L'Île heureuse*, Boudry n'évoque pas la vie littéraire de la colonie. Mais dans la même année, et à la veille de son propre décès, ce haut fonctionnaire à la retraite écrit *Jean-Joseph Rabearivelo et la mort*, publié chez Présence africaine. Cet hommage à son ami intime n'est nullement hagiographique : Boudry signale les contradictions et les insuffisances de la pensée de Rabearivelo (son mépris aristocratique du peuple malgache, ses convictions royalistes) et aussi les drames qui marquèrent sa vie, ses dérèglements érotiques, la pratique de l'opium et l'influence qu'exercèrent sur lui les poètes du pessimisme et de l'angoisse. Mais Boudry cherche surtout à expliquer ce destin tragique par les conditions mêmes de la colonisation. Face à l'exclusion de son ami de l'Exposition universelle et de l'Administration, Boudry conclut : « Le colonialisme aboutit à cette absurdité que les meilleurs des Malgaches n'ont pas la possibilité de faire une carrière dans leur propre pays ».[182] C'est sans doute le premier suicide d'intellectuel imputable au colonialisme :

> Le suicide de Rabearivelo contredit l'appétit de vivre qui a été le sien et son ambition de devenir un grand écrivain de langue française. Il n'est pas dans la tradition malgache à laquelle il se réfère avec complaisance de se tuer, il faut qu'il y ait été poussé par une nécessité absolue… Il faut chercher la cause de son désespoir dans l'existence qui lui a été faite, dans l'espoir que le colonialisme a suscité en lui et le mur qu'il a dressé devant lui, dans les humiliations qu'il a subies comme vaincu et comme colonisé, dans l'impossibilité où il s'est trouvé de concilier ses aspirations de Malgache avec sa

---

[182] Boudry, *Jean-Joseph Rabearivelo et la mort*, p. 57.

vocation de Français, dans la distance qui existe entre ce promettent les colonisateurs et ce qu'ils donnent.[183]

Rabearivelo appartenait à la génération qui, au lendemain de la conquête, a eu confiance dans les promesses des vainqueurs et a misé sur eux, adoptant leur langue, leur culture dans l'espoir d'une assimilation et d'une vie meilleure. Mais, au cours de son œuvre, le poète passe du mimétisme à une création enracinée dans la culture malgache. Ce retour à ce qu'il appelle la race, le sang, « est conscient, mais il n'en tire que des conséquences personnelles »[184]. Son suicide est « à la fois la condamnation d'un régime qui est la négation de la culture, et un avertissement. Incompris dans le présent il s'adresse à l'avenir. (…) Le souvenir de Rabearivelo dont la mort fait un héros, devient-elle pour la jeunesse malgache un ferment d'émancipation et d'indépendance »[185].

Le destin tragique du Mistral malgache est donc réinscrit dans un récit anticolonialiste. Rabearivelo trouve sa place dans la pléiade de la négritude consacrée par Léopold Senghor et Jean-Paul Sartre dans *l'Anthologie de la nouvelle poésie nègre et malgache de langue française*, publiée par Présence africaine en 1958. Pour le philosophe existentialiste, Rabearivelo partage avec d'autres « Orphées noirs » – Senghor, Césaire, Romain, Diop – l'« essence » de ce « racisme anti-raciste » : révolte langagière, rythmes primordiaux, fécondité, panthéisme sexuel, « religion spermatique »… On y retrouve un élan révolutionnaire qui ferait défaut aux paysans occidentaux – une race en voie de disparition – et surtout au prolétariat européen, qui a troqué la poésie contre la prose « technocratique ».

---

[183] *Ibid.*, pp. 81-82.
[184] *Ibid.*, p. 83.
[185] *Ibid.*, p. 84.

Dans son introduction aux poèmes choisis de Rabearivelo, Senghor écarte ses premières œuvres comme étant d'imitation. Le poète atteint le temps de la maturité avec *Presque-songes*, *Traduit de la nuit*, et les *Vieilles chansons de l'Imerina*. Même les maladresses de ces œuvres ne manquent pas de charmes, qui traduisent l'âme malgache : « Nous sommes, dans ces trois recueils, tellement proches des jaillissantes sources de l'Imerina que nous avons l'impression d'une traduction – si frais est le chant et si harmonieux ! »[186]. Senghor se tourne vers le sens du geste du 22 juin 1937 :

> Le départ volontaire du prince des poètes malgaches... pose un problème trop grave pour être éludé, problème individuel et social en même temps. Le poète se débattait, depuis des années, au milieu d'insurmontables difficultés matérielles, et l'Administration française, sollicitée, ne fit jamais rien pour lui venir en aide. Français par l'esprit, il voulait voir sa patrie spirituelle ; l'Administration française lui opposa, par deux fois, un refus méprisant. Ajoutez les chagrins domestiques et la maladie. Ajoutez les hantises littéraires, les images de Chatterton, de Crevel et d'autres. Il ne restait au poète qu'à quitter superbement la vie : il se vengeait ainsi des philistins et de l'Administration colonialiste, s'imposant du même coup à l'attention de ses pairs, les princes de l'art et de la poésie.[187]

Dans la section malgache de cette anthologie, Rabearivelo côtoie son « disciple » Jacques Rabemananjara. Senghor salue le militantisme de celui-ci : « Le poète a passé près d'un an dans une prison de Tananarive où l'épreuve a mûri son talent. Pour nous – et ce n'est pas être partisan que de le proclamer, – nous ne

---

[186] Léopold Sédar Senghor, *Anthologie de la nouvelle poésie nègre et malgache de langue française*, Paris, Presses universitaires de France, 1992, p. 180.
[187] *Ibid.*, p. 180.

pouvons croire que le chantre de la noblesse et de l'amour ait fait verser du sang innocent »[188].

Bien entendu, on peut critiquer l'instrumentalisation de Rabearivelo, entre autres, dans cette anthologie et la préface de Sartre. « Orphée noir » est un texte paradoxalement essentialiste, voire raciste, qui colle à une gamme d'individus l'étiquette de « noir ». Sartre et Senghor passent sous silence l'aristocratisme maurrassien de Rabearivelo – une vision plus politique d'être « prince » – aussi bien que le racisme anti-nègre qui sévit dans son œuvre, et l'absence presque totale de références à l'Afrique (ses racines revendiquées étant mélaniennes).

Mais c'est l'air du temps qui s'exprime dans ces interprétations. Ainsi, dans son essai sur Jacques Rabemananjara pour la collection « Poètes d'aujourd'hui », Eliane Boucquey-de-Schutter insiste sur les contrastes entre les itinéraires du « maître » et de son « disciple ». Tandis que Rabearivelo connaît le déclassement, l'exclusion et une mort prématurée, Rabemananjara fait des études brillantes dans les séminaires de l'île Sainte-Marie puis de Tananarive, avant d'entrer dans l'administration coloniale. Mais l'ascension de ce jeune intellectuel indigène s'accompagne d'une prise de conscience politique : Rabemananjara fonde le premier syndicat des fonctionnaires malgaches ainsi que la *Revue des Jeunes de Madagascar*, dont « les tendances nationalistes… ne furent pas tolérées, la revue n'obtint pas d'imprimeurs et dut cesser ses publications »[189]. Pour Boucquey-de-Schutter, « Madagascar avait eu son poète de la mort en Rabearivelo, l'actualité demandait un poète de l'action et Rabemananjara ne le savait pas encore »[190]. Les circonstances politiques vont accélérer l'évolution du poète. En 1947, dans sa cellule

---

[188] *Ibid.*, p. 194.
[189] Boucquey-de-Schutter, p. 34.
[190] *Ibid.*, p. 40.

de prison et attendant une mort qui semble inévitable, Rabemanjara compose le poème *Antsa*, « mais après avoir à peine évoqué sa mort, il l'oublie à chanter la gloire future de Madagascar »[191]. Un autre poème, « Lamba », est bien plus explicitement patriotique que celui du même titre de Rabearivelo. Ecrit dans l'isolement de la Maison de Force de Nosy-Lava, le 12 septembre 1950, ce poème est une méditation et un pèlerinage aux sources malgache, finissant ainsi : « hissé haut et claquant d'orgueil : lamba jaculatoire emblème de la nef/fétiche de la Race ! »[192]. Après sa libération sous condition en 1956, Rabemananjara renoue avec son ami Alioune Diop à *Présence africaine* et devient une figure importante de la négritude. Déjà, au printemps 1957, il donne une conférence, « Le poète noir et son peuple » au « Cycle » organisé par Présence africaine. Rabemananjara présente le poète noir comme à la fois inspiré et inspirateur. Selon la célèbre formule du grand romantique Percy Bysshe Shelley, les poètes sont les législateurs non reconnus du monde, et ont la vocation d'éclairer la marche de leur peuple. Dans le contexte actuel, il y a donc un contraste saisissant entre poètes noirs et blancs :

> Leurs congénères d'Occident ou d'ailleurs peuvent se permettre sans courir de risque de trahir aucune cause, ni faillir à aucune vocation humaine, de jouer les Pétrone, les José Maria de Hérédia, les Valéry, se livrer à longueur d'existence par les seuls délices de l'esprit au raffinement et aux subtilités d'une esthétique sans lien direct avec les soucis et les aspirations de leur peuple… Les Orphées noirs, non… il n'est pas libre de se voir ou de se connaître autrement que comme un sujet soumis à une domination étrangère.

---

[191] *Ibid.*, p. 46.
[192] *Ibid.*, p. 179.

La délivrance personnelle du poète noir postule impérativement la délivrance personnelle de ses frères de race. Désormais, ce poète traduit le drame entier de son peuple : « Les Antilles, l'Afrique, Madagascar ne sont plus objet de chant pour le seul charme de leur ciel et l'ensorcellement de leur paysage… Le poète noir va plus loin : il regarde au-dedans et au-delà du spectacle, il n'entend pas que l'envers lui dissimule le revers ». Aucun des poètes noirs n'a échappé à cette exigence, « pas même ceux qu'apparemment leurs prédispositions d'esprit n'incitent guère à entrer dans la lice politique. Notre regretté Rabearivelo, par exemple, eut beau prétendre se retrancher toute sa vie derrière un individualisme farouche ». Dans quelques jours on célébrera le vingtième anniversaire de la mort de son ami. Rabemananjara finit par lire un poème de Rabearivelo – « Exil ! et toi, soi ombre inéluctable… » – avant de passer à des vers plus explicitement militants de Thomas Rahandraha :

> Toi que les dieux ont élu
> Tu parleras de ton amour
> Pour ceux que l'on bat
> Pour ceux que l'on étouffe
> Pour ceux que l'on torture[193]

Malgré sa présentation de Rabemananjara comme poète patriotique, Boucquey-de-Schutter exclut, de façon assez convaincante, son « Maître » de ce mouvement littéraire pour l'émancipation des Noirs : « Il chantait son pays et sa race, mais sans combat, sans engagement parce que sans espoir de victoire. Il encourageait son jeune ami, Jacques Rabemananjara, mais ne voyait pas pour Madagascar la possibilité d'être libre jamais et pour le Madagascar la

---

[193] ANRM : F61.

chance de choisir un jour sa culture propre »[194]. Ainsi, dans cette vision téléologique de la lutte anti-coloniale, Rabearivelo fait figure d'un précurseur confus, perdu encore dans les brumes de la fausse conscience : c'est la génération suivante qui atteindra la terre promise de l'émancipation nationale. En 1960, Rabemananjara retourne libre dans son île où il est nommé ministre d'Etat chargé de l'Economie nationale.

Les affrontements intellectuels sur la question coloniale, et la construction tâtonnante d'un Rabearivelo « anti-colonial », trouvent un écho implicite dans la *Revue de Madagascar*. En 1958, le poète et linguiste Jacques Auber y salue un écrivain dont les œuvres ont atteint une renommée universelle, et qui appartient à la communauté. Pour Auber, *Les Calepins bleus*, utilisés de façon polémique par Boudry, « révèlent les motifs (mais non la cause profonde) de ce suicide : D'abord ce sentiment d'écartèlement d'un homme « mélanien de peau, latin de pensée, dont le miroir interne lui renvoie l'image d'une sorte de clown, vêtu d'une peau qui ne sied pas à l'âme qu'il a voulu se donner. Ensuite le mort prématurée quelques années plus tôt de la petite Voahangy à trois ans ». La cause, c'est l'exacerbation d'une nature, « ayant cultivé son narcissisme et recherché la jouissance par tous les moyens ». Auber repousse donc tout procès de la colonisation : « Incriminera-t-on le progrès (brutal et aveugles dans toutes les parties du monde), le contact d'une société jouisseuse et indifférente (il y en a partout), une littérature qui ne s'est pas faite et à laquelle on est libre de participer ou non... Ce serait incriminer le feu d'avoir brûlé l'incendiaire, l'alcool d'avoir tué l'alcoolique... »[195]. Effectivement, Auber insiste sur les soutiens que le poète maudit aurait reçus de la Colonie :

---

[194] Boucquey-de-Schutter, p. 77.
[195] *Revue de Madagascar*, 3, 1958, p. 22.

Des joies, des consolations, des encouragements, Jean-Joseph Rabearivelo n'en manqua pas. Il les recevait parfois avec puérilité, comme tous les poètes, « aux anges » de recevoir du courrier de toutes les parties du monde. A Tananarive les trois Henri (personnalités de la ville) le soutinrent toujours, moralement et pécuniairement, et cette « assistance au poète » est fort touchante[196].

Dans sa péroraison, Auber rend hommage à un poète et aux lieux qu'il hante :

> Ô Rabearivelo, mon frère, dont j'ignore ni les faiblesses, ni les rancœurs, tu désirais le renom, tu l'as eu, tu désirais le souvenir, il ne te manquera pas ; à Isoraka, à Faravohitra, à Amparibe, à Ambojimanga, rue Amiral-Pierre nous mettons nos pas dans les tiens ; et rien ne nous empêchera, dans le même horizon mortel, de fredonner tes complaintes... Jeunesse éternelle de Madagascar suscite-toi de grands poètes, pour chanter avec magnificence et originalité ta splendeur comparable à celle de la femme.[197]

Mais deux années plus tard, cette jeunesse malgache devra trouver son chemin dans un pays nouvellement indépendant.

---

[196] *Ibid.*, p. 34.
[197] *Ibid.*, p. 34.

Rabearivelo post-colonial

Rabearivelo a sa place dans la Madagascar « postcoloniale », qui obtient son autonomie en 1958 et son indépendance deux années plus tard, même si les liens avec l'ancien colonisateur restent très forts, voire contraignants : les sociétés françaises restent en place, aussi bien que les militaires, installés toujours à la base de Diego-Suarez. En 1959, le collège moderne et classique de Tananarive est rebaptisé le lycée Jean-Joseph Rabearivelo. Pour marquer cet événement, la veuve du poète édite des « Stances oubliées », un recueil de fragments de vers que « notre illustre poète national » a oubliés quelque part, et dont une partie a paru dans l'anthologie *Amboara Voafantina* en 1927. Dans l'apologie qui clôt le livre, la veuve espère que le public trouvera « quelques reflets des vérités psychologiques et non uniquement sentimentales qui éclairent le drame poignant de la mort du poète ». Cette apologie, « Traduit du silence (ou la fin tragique du grand poète national Jean-Joseph Rabearivelo) », écrit par un certain « Achildorz », est plus spiritualiste que nationaliste :

> Matérialistes ! vous soutenez que derrière le seuil du tombeau
> Il n'y a que quelques poignées de cendres, des ossements moisis
> Enveloppés jalousement de vieux linceul, -
> Ensuite, c'est la nuit sans fin, et le néant absolu ! »
> Tel est le bilan de la vie humaine
> D'après vous.
> Grave et lugubre erreur !
> Nous, lecteurs et amis de cet immortel poète, -
> Nous sommes de ceux qui crient fermement
> Que l'âme, cette flamme pensante et créatrice

A été faite pour l'éternité comme le Créateur lui-même.[198]

Certes, pendant sa carrière, l'infortune et le déboire ont harcelé ce poète « mais tout humain qu'il fût, il accepta son partage/Et sans imiter Byron, loua l'Eternel en adorant la Nature »[199]. Le poème se termine sur la rencontre du poète avec la Mort, qu'il saura vaincre par l'acte souverain du suicide :

> La Mort, cette Puissance détestée
> De la race humaine, -
> Cette terreur des moribonds et ennemie des nouveaux-nés
> Fut invitée par le poète en un mois de Juin,
> A assister toute seule à la soirée d'adieu
> Qu'il prépara sans hâte avant son départ.
> « Je sais que tu ne jouiras nullement
> De mes derniers moments, -
> Car les spasmes d'agonie ne dureront point ;
> Aucune plainte de douleur n'échappera de mes lèvres ;
> Tout est prévu pour m'épargner la souffrance –
> Car tu me verras quitter la terre paisible
> Et sans rancune ! »
> La Mort outragée, humiliée, sembla pleurer de rage.
>
> Et le poète prenant la coupe de ciguë,
> Par lui-même préparée,
> Absorba d'un trait la fatale boisson !
> Ainsi, de son léger bateau, il coupa les amarres,
> S'élança calmement et presque sans soucis
> Vers le monde lointain que les astres habitent –
> Et qui fut, pour ainsi dire, pendant ses derniers jours,
> L'objet constant de son rêve le plus doux ![200]

L'année suivante, dans une conférence faite au cinéma Roxy, lors d'une soirée culturelle consacrée à celui à qui le

---

[198] Rabearivelo, *Stances oubliées*, Tanananarive, 1959, p. 18.
[199] *Ibid.*, p. 21.
[200] *Ibid.*, pp. 22-23.

Président de la République Malgache, Philibert Tsiranana, vient de conférer le titre de « Poète national », Gabriel Razafintsambaina offre un portrait bien plus patriotique de son ami. Pour lui, l'œuvre de Rabearivelo, « dont la valeur littéraire est certaine puisqu'elle a subi la censure du temps », est susceptible d'une nouvelle publication : « Elle le mérite d'autant plus que, vingt ans après la mort du poète, elle trouve non seulement auprès du public cultivé de Madagascar, mais encore au-delà des mers, un renouveau d'intérêt sans cesse croissant »[201]. Le conférencier rappelle les conditions modestes et exigeantes de la fièvre de production de Rabearivelo : « La vie matérielle s'est révélée à lui cruelle et sournoise. Ce n'était pas la misère mais le dénuement complet »[202]. Chez ce jeune homme hanté par la perspective d'une mort violente, « on admirait non seulement son courage mais encore l'ardeur et la conviction qu'il apportait à défendre tout ce qui était français, en dépit des sarcasmes dont le couvraient certains de ses compatriotes »[203]. Mais, pour Razafintsambaina, Rabearivelo fut négligé par la France tant aimée :

> Alors que la Grèce eût fait du poète hova un personnage mythologique, un autre « Orphée », l'administration française d'alors a fait la sourde oreille aux chants que le poète qui, le premier, avait vécu familièrement avec les mythes de l'Occident, se plaisait à consacrer à la défense de la langue française et à son illustration : ni aide matérielle qui lui aurait permis de satisfaire aux besoins que son éducation et sa culture françaises lui avaient imposés, ni secours spirituel d'une foi importée. Elle lui refusa même les moyens de prendre contact avec ses amis poètes et écrivains en France.[204]

---

[201] *Bulletin de Madagascar*, 170, juillet 1960, p. 632.
[202] *Ibid.*, p. 632.
[203] *Ibid.*, p. 633.
[204] *Ibid.*, p. 633.

A l'Exposition de 1931, on se contente d'envoyer ses livres. A celle de 1937, même refus de cette même administration « qui préférait s'intéresser aux marchands de calicot ». On était bien loin de ce premier ministre malgache, Rainilaiarovony, surnommé le « Bismarck hova », « peu cultivé mais qui savait cependant favoriser, aider ceux qui se dévouent aux choses de l'esprit. Le plus bel humanisme ne consiste-t-il pas à aider à briser la coque ? »[205]. Contrairement à Jean Ralaimongo et Paul Dussac, Rabearivelo croit qu'il faut éviter toute assimilation hâtive à la France. Poète d'avant-garde, il a pressenti « le conflit qui devait diviser l'âme malgache, si profondément attachée à son fonds culturel, mais heurtée par un nouveau courant de civilisation. Il en a exploré les limites pour revenir plus sceptique que jamais ». Chantre de l'âme malgache, il a su créer « un univers dans lequel tout un peuple a trouvé ses propres échos... dans le domaine de la poésie, il affirma hautement qu'il fallait rester malgache. Rester malgache, c'est vouloir écouter la terre natale, car elle parle cette terre d'Imerina... Rester malgache, ce n'est pas refuser les sources malgaches... C'est, en somme, tout le mouvement de la négritude qui s'épanouit de nos jours qu'il annonçait déjà ». Bien qu'écartelé entre mille contradictions, sollicité avec une égale faveur par deux civilisations différentes, voire opposées, l'une valant l'autre, Rabearivelo « se plaignait souvent de cet esprit massif et statique que la jeunesse malgache trouve agréable et commode : vivre dans la réalité et s'adapter »[206]. Rabearivelo était « fier de sa race, cette race énigmatique, inconnue et pourtant réelle », et dans ce combat entre « les dieux blancs et les dieux jaunes », il a su garder jalousement « ce premier bien de l'homme qu'est la personnalité »[207].

---

[205] *Ibid.*, p. 634.
[206] *Ibid.*, p. 635.
[207] *Ibid.*, p. 635.

Dans les premières années de la Madagascar postcoloniale, Jean-Joseph Rabearivelo peut être présenté comme une figure conciliatrice, incarnant l'amitié franco-malgache. Ainsi, en 1961, à l'Alliance française de New York, Louis Rakotomalala donne une conférence, « Madagascar, Terre de l'avenir », où il évoque les « troubles sanglants » mais aussi « une grande œuvre de fraternité humaine ». Il exprime sa reconnaissance pour l'appareil administratif, économique et social légué par la France, tout en se félicitant de la malgachisation progressive des cadres. Il fait ensuite l'éloge de la langue française, « cette langue si parfaite [qui] n'a pas manqué d'inspirer des écrivains, des philosophes et des poètes. Parmi ces derniers, citons Jean-Joseph Rabearivelo, Jacques Rabemananjara, Ny Avana Ramanantoanina, Flavien Ranaivo, Dox et tant d'autres ». « Aucune xénophobie n'existe » à Madagascar, affirme-t-il[208]. Mais dans sa conclusion, il avoue que cette île nouvellement indépendante manque de capitaux.

Cependant, Rabearivelo et son suicide ne cessent de susciter des opinions divergentes. En juin 1965, pour commémorer l'anniversaire de sa mort, Radio Nationale et Radio-Université diffusent une émission retraçant les derniers moments de Rabearivelo. Dans *Lumière*, quotidien catholique de langue française, R. Abraham déplore « Le risque, qu'une partie de notre jeunesse, ou du moins quelques membres plus ou moins désaxés, ne vouent en Jean-Joseph Rabearivelo un modèle, imitable en tous points ». Un danger beaucoup plus grand et plus réel – et déjà très regrettable – serait de « voir fausser le jugement des jeunes, si malaisé à redresser par la suite, sur les « valeurs » ; par exemple sur la vie et la mort, sur le mérite ». Les jeunes d'aujourd'hui seraient « plus volages,

---

[208] *Revue de Madagascar*, 15, 1961, pp. 26-27.

plus vains, plus dédaigneux des aînés »[209] Une semaine plus tard, Abraham plaint encore une « jeunesse plus légère, plus irréfléchie qu'autrefois » qui refuse la discipline. Et le souvenir du poète reste un enjeu :

> Nous applaudissons volontiers au sort actuel posthume de Jean-Joseph Rabearivelo, partageant intimement comme un peu nôtre la vengeance ainsi accomplie pour lui, sinon par lui, sa revanche sur la vie et le destin qui ne lui furent pas tendres, sur les hommes aussi dont la stupide dureté ou l'aveuglement volontaire sur ses besoins béants ont été sans doute à l'origine – sans être toutefois l'unique cause – de la perte prématurée, et irréparable !, que nous déplorons toujours. Cependant, ce n'est pas parce que Rabearivelo jouit, pour ainsi dire, aujourd'hui d'une juste compensation et comme d'une réhabilitation, que nous irions transfigurer toute sa vie, justifier et glorifier tous ses actes, surtout ce déplorable suicide...[210]

Lors du trentième anniversaire du suicide de Rabearivelo, le Centre Culturel Albert Camus organise une série de manifestations culturelles, dont une exposition, « Rabearivelo et son temps ». A l'entrée de la salle d'exposition, on peut lire au fond d'une coffrette éclairée nuit et jour les fameux vers du regretté disparu : « la tombe est toujours ma tombe – Mais mon cœur en est aussi une autre ». Au fur et à mesure qu'on avance dans la salle on voit, accrochés aux murs ou disposés dans des châsses vitrées, les œuvres, manuscrits, photos de l'auteur de *Presque-Songes*. Les visiteurs peuvent voir également au cours de cette exposition la chaise et la table de travail du poète. Selon la *Revue de Madagascar*, « avec ses deux rallonges latérales, cette dernière a fait penser à des ailes indispensables pour des «évasions » dans l'emyrée.

---

[209] *Lumière*, 18 juillet 1965.
[210] *Lumière*, 25 juillet 1965.

Significatif »[211]. Le vernissage de l'exposition en question, qui est présidé par le ministre Jacques Rabemanajara, a lieu en présence de plusieurs personnalités dont les ministres Joseph Ravoahangy, Laurent Botokeky et Son Excellence Plantey, ambassadeur de France. La *Revue* conclut ainsi son compte rendu : « On ne peut que remercier vivement les organisateurs de cette exposition, car il n'a été que trop juste de rappeler au souvenir de tous celui dont le lot était de vivre la vie de Chatterton en « son temps » »[212].

Mais *Lumière* revient à la charge, cette fois sous la plume de Lucien Michel-Andrianarihirijaka. Pour ce journaliste catholique, le destin troublant du poète « n'est pas sans poser des problèmes à notre conscience de Malgache : Rabearivelo s'est donné la mort volontairement, en toute lucidité, y apportant même un extraordinaire sens de la mise en scène dramatique ! Qui exalte-t-on ? Serait-ce trop tôt ? ». Selon l'auteur de cet article, il est évident que, même après plusieurs décennies de culture occidentale, le Malgache se refuse à voir dans le suicide un acte d'héroïsme, encore moins de « vertu » nationale. Ce que l'on connaît de l'histoire malgache montre que le suicide de Rabearivelo n'est que le plus éclatant exemple d'une série d'échecs individuels qui ont jalonné toute cette période. Son geste serait symptomatique du mal de siècle d'une génération :

> Cette génération est, en effet, la première du régime colonial et constitue les premières promotions de l'école « française » : cette école qui s'est assigné le double but contradictoire de vouloir assimiler le Malgache sans lui donner la possibilité d'accéder au rang de « Français à part entière ». La jeune génération s'est jetée avec ardeur sur la pâture qui lui était offerte, sans pour autant oublier un passé national encore tout récent. De là, une situation ambiguë où

---

[211] *Revue de Madagascar*, 38, 1967, p. 44.
[212] *Ibid.*, p. 45.

l'exaltation intellectuelle se mêlait de nostalgie diffuse et omniprésente.

Sa génération serait victime d'un « déclassement ontologique » : « Exilé géographiquement « dans son pays natal », socialement au milieu de ses compatriotes, intellectuellement dans le milieu de la culture occidentale où il a voulu pénétrer ». Pour se libérer, il lui fallait s'évader par la libre-pensée, l'ascétisme religieux, l'action politique ou, chez Rabearivelo, « une volonté aiguë d'autodestruction ». Pour le journaliste, « on a commémoré l'anniversaire d'un événement, en éludant les problèmes qui sont à la source de celui-ci ». Donc, même si son analyse de la mort de Rabearivelo et du mal de siècle de sa génération recoupe dans une certaine mesure l'analyse offerte par Boudry et d'autres, l'auteur se distancie de la vision dominante de Rabearivelo : « Constitution d'une société des amis de Rabearivelo, érection d'un ancien lycée en « lycée Rabearivelo », déclaration de hautes autorités consacrant Rabearivelo « poète national », annexion du suicide de Rabearivelo par l'idéologie nationaliste et libéral pour faire de celui-ci la victime exemplaire de l'oppression coloniale... ». Le journaliste préférerait la mise en vedette d'autres penseurs et hommes d'action « dont les influences n'ont pas moins marqué la communauté nationale malgache »[213].

Autour de ce trentième anniversaire, l'ambivalence de Rabearivelo continue de s'apprêter à des interprétations divergentes. D'un côté, Albert Gérard, dans une conférence donnée à l'Académie royale des Sciences d'Outre-Mer, Bruxelles, cherche à « rapatrier » ce poète francophone. Pour Gérard, « c'est le sort déplorable des écrivains périphériques que d'être injustement méconnus dans la patrie intellectuelle dont ils répandent le rayonnement aux

---

[213] *Lumière*, 9 juillet 1967.

antipodes ». Jusque-là, les travaux consacrés à Rabearivelo, dont l'ouvrage de Robert Boudry, avaient été généralement empreints de « plus de piété que de rigueur scientifique ». Dans sa lecture de « Les Flûtistes » (*Presque-songes*), le professeur cherche donc à soumettre l'œuvre du Malgache « au type d'analyse couramment appliqué aux œuvres d'un BAUDELAIRE ou d'un NERVAL »[214]. Il conclut :

> « Flûtistes » est incontestablement l'expression la plus belle et la plus originale que Jean-Joseph Rabearivelo ait donnée à un pessimisme cosmique qui est un des éléments de base de son inspiration. Isolé cotre son gré dans sa grande île natale, il rejoint ainsi par les voies intérieures de l'expérience poétique, le courant central de la littérature du 20ᵉ siècle... Ce fut la tragédie du poète malgache que sa faiblesse d'homme jointe, on le sait, à sa condition de colonisé, ait confirmé la vision pessimiste et si admirablement traduits dans « Flûtistes » et, l'enfermant dans son angoisse ontologique, l'aient conduit au geste irrémédiable du 22 juin 1937.[215]

P. Valette cherche à faire connaître la poésie de Rabearivelo grâce à une petite anthologie publiée à Paris chez Nathan, le premier livre dans une collection consacrée à la littérature malgache. Valette reconnaît l'attachement de Rabearivelo à la langue et la culture françaises, aussi bien que l'aristocratisme qui l'éloigne du « peuple » et de la politique, contrairement à ses contemporains noirs. Mais Valette insiste sur l'idée que « malgré sa culture occidentale, Rabearivelo demeure, se veut profondément malgache ». On assisterait en lui au souci d'être « au service de sa patrie et de son peuple ». C'est donc au vieux fonds malgache qu'il puise les thèmes de ses dernières

---

[214] Albert Gérard, « Stèle pour un poète malgache », *Bulletin des Séances de l'Académie royale des Sciences d'Outre-Mer*, 2, 1968, p. 181.
[215] *Ibid.*, p. 185.

publications, *Imaintsoala* et *Vieilles chanson de l'Imerina*. C'est l'époque où il propose à l'Académie malgache de « remettre » en malgache moderne le texte des *Tantaran'ny Andriana*, l'histoire des rois recueillie par le Père Callet à la fin du 19${}^{\text{ème}}$ siècle. Pour mieux faire connaître la capitale, il publie avec Eugène Baudin *Tananarive, ses quartiers, ses rues*. Il s'intéresse enfin à « des problèmes plus vastes, songe à l'avenir de la jeunesse noire, s'insurge contre l'agression italienne en Ethiopie »[216]. Ainsi, de façon très sélective (dans *Les Calepins bleus*, Rabearivelo finit par dénoncer l'Ethiopie comme traître historique au peuple malgache), Valette transforme Rabearivelo en anti-raciste pur.

A Madagascar, *Topimaso/Panorama*, journal mensuel de l'association Albert Camus, publie un spécial Rabearivelo, où se jouxtent interprétations de sa vie et de sa mort et jugements sur les influences française et malgache. On y reproduit la préface de Jean Amrouche à *Jean-Joseph Rabearivelo et la mort* : « Nous défendrons contre l'érosion du temps l'image sainte de ce sombre enfant perdu, de cet enfant fou, aux mains frémissantes, au front trop grand, avec des larmes amères, ses sueurs d'amour, de fièvre et d'angoisse ». Amrouche présente son ami plus comme un raté qu'un révolté : « Son suicide l'établit à jamais dans l'influence d'une graine légère que le vent porte au loin, ailleurs. Jean-Joseph est moins exemplaire par ses réussites, fragmentaires et contestables, que par ses erreurs. Il n'était point taillé pour la victoire, mais pour la défaite ». Dès l'enfance, Rabearivelo subit « une véritable désintégration intérieure » : « son chant, il le sait condamné à l'inauthenticité, car il assiste à sa vie sans la vivre, en dépit de ses frénésies donjuanesques ». Il enfle la voix dans son désespoir, « se voit grand homme, lui qui est petit comme

---

[216] P. Valette, *Jean-Joseph Rabearivelo*, Paris, Fernand Nathan (Littérature malgache 1), 1967, p. 9.

Napoléon, et s'exalte jusqu'à se proclamer dieu pour lui-même : mesure démesurée de son incurable humiliation ». Le poète est un homme fatalement déchiré : « Tout recours efficace lui est interdit. Ni la voie française, ni la voie malgache dans les deux directions du temps, vers l'amont des ancêtres fabuleux et vers l'aval révolutionnaire, ne peuvent accueillir et porter ses pas d'homme sur un sol ferme. Alors Jean-Joseph bouscule sur sa couche, et nous tourne à jamais le dos »[217].

Le numéro publie également la dernière lettre de Rabearivelo à Robert Boudry et des extraits des *Calepins bleus* qui illustrent son drame : la mort de sa fille, ses difficultés avec le Gouverneur général, son rêve inassouvi de devenir fonctionnaire, le problème d'être un « latin » parmi les « welches ». Des poèmes en français et malgache illustrent son caractère double et conflictuel. Ainsi on inclut ses poèmes aux arbres, dont « Laurier » : « Usurpateur du trône séculaire... l'empreinte occidentale/qui souille l'entité de mon âme ancestrale ». Ses liens avec la littérature malgache sont mis en avant par des photos, par exemple de Rabearivelo avec Lys-Ber, et des articles en malgache de Charles Rajoelisolo et James Raoely. Des extraits de presse illustrent le rayonnement de son œuvre à Madagascar et à l'étranger. Dans *La Tribune de Seraing*, Camille Fabry s'exclame : « Mais non, Rabearivelo, vous n'êtes pas d'une race qui meurt : la race des poètes est immortelle ». Dans *Le Bon plaisir*, André Fontainas remarque avec tristesse : « Le côté le plus pathétique de ces poèmes réside dans cette crainte orgueilleuse et désespérée qu'il a d'assister à la mort de sa race, à la fin de ses traditions millénaires, de sa civilisation grave et ingénue »[218]. Pour renforcer l'idée d'un Rabearivelo appartenant à une culture nationale qui reste bien vivante,

---

[217] *Topimaso/Panorama*, spécial Rabearivelo, 34, juin 1967, pp. 2-3.
[218] *Ibid.*, pp. 21-22.

le numéro publie des hommages poétiques en malgache de E. Bella Rahaingosa, Fredy Rajaofera, Dox Razakandraina, et Samuel Ratany. Mais ce numéro bilingue n'oublie pas le côté passionnément francophone de Rabearivelo. Jean-Louis Joubert, un professeur de l'université de Tananarive qui joue un rôle clé dans la promotion de l'œuvre du poète, contribue un essai sur « Madagascar, source d'inspiration pour les écrivains de langue française ». Selon Joubert, Rabearivelo s'inscrit dans une tradition qui commence avec Evariste Parny, poète réunionnais du 18ᵉ siècle, qui transcrit des « Chansons madécasses », ultérieurement mises en musique par Ravel. Dans *La Coutume des ancêtres* et *Le Décivilisé*, Charles Renel valorise la civilisation traditionnelle, Pierre Camo évoque la mélancolie imprécise des paysages malgaches, et Jean Paulhan y contribue avec sa traduction des *hainteny*. A propos du poète maudit, Joubert regrette qu'il se soit donné la mort « au moment même où il atteignait la maturité littéraire ». Quant à la production actuelle en langue française, il y a « trop d'imitation et de facilité », mais Flavien Ranaivo réussit à trouver un équivalent de la poésie traditionnelle, et Jacques Rabemananjara « a fait retentir la voix de l'espoir et préparé les chemins de sa liberté ». Cela dit, de telles œuvres laissent le professeur sur sa faim :

> On est passé d'une littérature « coloniale » ou « exotique » à une littérature qui voulait comprendre Madagascar de l'intérieur et faire entendre, sa voix spécifique. Mais, malgré de belles réussites et des œuvres de valeur, nous n'avons encore pas trouvé, en français, l'œuvre magistrale où s'exprimeront, dans la sérénité du chef d'œuvre, la beauté du pays et l'âme du peuple malgache.[219]

---

[219] *Ibid.*, p. 30.

Dans son essai sur Rabearivelo « à travers ses œuvres en français », Ariane Ranaivozanary soutient que « loin de la presque-aliénation de ses débuts, Rabearivelo, à travers sa culture étrangère, a creusé sa propre personnalité. Dans des œuvres conçues directement en français, il fait battre le cœur même du pays d'Iarivo »[220]. Le spécial se termine sur une série de questions à des intellectuels malgaches. Sur le message laissé par Rabearivelo à la postérité, Célestin Andriamanantena répond :

> Il faut replacer Jean-Joseph Rabearivelo dans son contexte politique et historique : c'était l'époque des VVS et le retour des exilés et Rabearivelo se demande comment trouver la PERSONNALITE malgache. Et son message, son originalité, réside dans cette question et dans l'effort d'y apporter une réponse.

Pour Dox, le message de Rabearivelo est que la poésie est une mission : « Ainsi Rabearivelo a accompli, en partie, une mission à l'extérieur, d'où l'abondance de ses poèmes en français. Il a laissé le flambeau au poète Jacques Rabemananjara. Enfin la crainte de ne pouvoir se surpasser, de ne pas accomplir cette mission totalement l'a conduit au suicide »[221]. Joubert retient de l'œuvre de Rabearivelo le thème de la nuit, « qui est un thème polyvalent, recouvrant ceux de la mort, la solitude, l'inconnaissable, l'incapacité à trouver un sol »[222]. Ce dernier thème n'est jamais loin des préoccupations de ces intellectuels. Sur l'état actuel des recherches sur le « poète national » Espérée Randriananja répond : « Oui, j'aimerais faire des études sur Rabearivelo. Un de nos professeurs nous a dit qu'il y avait au moins 50 livres d'études par an qui sont publiés sur Diderot en

---

[220] *Ibid.*, p. 31.
[221] *Ibid.*, p. 32.
[222] *Ibid.*, p. 33.

France, en ce moment, il n'y en a même pas 10 en tout ! Il y a encore tant de choses à découvrir sur lui ! »[223].

La vie posthume de Jean-Joseph Rabearivelo continue donc dans la période post-coloniale. Sous l'ordre du gouvernement, le mausolée familial d'Ambatofotsy est assorti d'une stèle à laquelle mènent des marches en béton. Dans le domaine universitaire, son œuvre devient l'objet des travaux de Siméon Rajaona et des cours de Jean-Louis Joubert dans le cadre de ses enseignements sur la « littérature négro-africaine de langue française ». Aux thèses et mémoires qui se multiplient s'ajoute la mise en musique de poèmes de Rabearivelo.

Cependant, à l'instar de son mausolée, qui ne tarde pas à se lézarder, le « poète national » tomberait-il dans l'oubli ? En 1972, un mouvement d'étudiants renverse le président Tsiranana et son ministre des affaires étrangères, Jacques Rabemananjara, s'exile à Paris. Avec l'avènement d'un régime pro-soviétique et anti-français, il semble que la francophilie, sans parler du maurrassisme, de Rabearivelo y ait peu de place. Le « poète national » va connaître une relative « traversée du désert ». Signe du temps, « Jean-Joseph Rabearivelo, cet inconnu ? » est le titre du colloque international tenu à Tananarive en mai 1987, pendant les dernières années du « marxisme tropical ». Dans son allocution d'ouverture, Lucien Xavier Michel Andrianarahinjaka, président de l'Assemblée nationale populaire, tente d'y répondre. Pour lui, Rabearivelo « a investi dans un domaine réputé tabou dans la civilisation malgache, à savoir le suicide »[224]. Mais cet homme politique attribue également cette chute dans l'obscurité aux conditions difficiles de la Madagascar post-coloniale :

---

[223] *Ibid.*, p. 35.
[224] *Jean-Joseph Rabearivelo, cet inconnu ?* Marseille, Sud, 1989, p. 10.

> Les conditions de publication et de diffusion des œuvres par le canal de ce support extrêmement précaire que sont les journaux, périodiques ou d'autres publications circonstancielles comme les recueils et *amboara* de toutes sortes ; l'absence pendant longtemps de mécanisme de pérennisation du patrimoine culturel qu'est l'inscription de cette matière dans le processus des programmes de formation scolaire, l'inexistence d'une vaste industrie du livre, etc...[225]

Effectivement, la publication par l'Etat d'une anthologie des poèmes malgaches de Rabearivelo confirmerait la faiblesse de l'édition (et de la société civile) à Madagascar.

Jacques Rabemananjara, à qui le régime défaillant a permis de retourner à Madagascar malgré sa dissidence ouverte, prend la parole pour rendre hommage à son ami, et reproduire le récit nationaliste de l'évolution de son œuvre, c'est-à-dire d'une rupture entre la poésie « imitative » de sa première manière et le choix d'une deuxième manière plus en concordance avec ses racines malgaches, à commencer par *Presque-songes* :

> Débarrassée de toute influence, de toute scorie étrangère, la personnalité du poète s'y épanouit avec une splendeur et une authenticité incomparables ; le lyrisme affleure du terroir et l'on y respire l'odeur mystique de nos terres, rougies du sang de nos ancêtres. Et la richesse et la virtuosité du style ! L'art y atteint la plénitude des cimes.[226]

Le sens du suicide du poète hante le colloque. Marie-Christine Rochmann y voit la possibilité d'une résurrection dans la pléiade littéraire : « Est-ce la leçon du Christ, celle des poètes maudits que Jean-Joseph Rabearivelo admirait tant et dont le destin a consolidé la gloire, la mort est peut-être le passage obligé vers une gloire éternelle que symbolise, dans le ciel d'encre, le resurgissement des

---

[225] *Ibid.*, pp. 12-13.
[226] *Ibid.*, p. 34.

étoiles »[227]. Jeannine Rambeloson porte un jugement plus négatif et triste sur le geste du poète :

> Malheureusement, Rabearivelo se sentait incompris de ses contemporains, déçu par la réalité où il parle dans le vide, a choisi d'être très tôt une étoile dans la prairie de la nuit. Pourquoi n'a-t-il pas attendu d'être plus persuasif, de parler et de chanter à la fois, pour convaincre que la vie est la plus forte, qu'elle doit tendre vers la perfection, que l'unanimisme et la convivialité ne peuvent s'évanouir que dans la justice, que l'enracinement au sol natal exige que ce sol vous appartienne, que la plume doit se faire aussi une arme exigeante et agressive.[228]

Encore une fois, le poète national est victime de la fausse conscience coloniale. Mais Ingemar Leckius se félicite d'une revanche sur l'histoire :

> Rabearivelo fut enterré chez ses parents à Ambatofotsy, enseveli dans une rituelle lamba de soie rouge. Ses proches furent cependant trop pauvres pour pouvoir faire les frais d'un monument funéraire, et encore vingt ans plus tard, quand Robert Boudry visita la tombe, l'endroit ne portait aucun nom et disparaissait sous les broussailles. Je ne sais s'il en est toujours ainsi. Mais son œuvre a enfin surgi de la nuit coloniale, elle est devenue une stèle de lumière. De plus en plus il est salué comme le poète national de Madagascar et comme l'un des plus grands écrivains du Tiers Monde.[229]

Si cette position anti-coloniale et nationaliste prédomine, le colloque de 1987 explore le dualisme incontournable et irréductible de Jean-Joseph Rabearivelo. L'étude thématique des poèmes met en relief la fréquence du thème de l'arbre, symbole de son enracinement dans le pays natal et celui du voyage amenant le poète vers un abîme sans fin.

---

[227] *Ibid.*, p. 57.
[228] *Ibid.*, p. 76.
[229] *Ibid.*, p. 102.

D'une part, on trouve chez lui la recherche des valeurs littéraires traditionnelles. D'autre part, il y a une soif des formes d'expression non seulement occidentales mais universelles, dans « son désir ardent d'élever la poésie malgache au rang des autres littératures du monde entier »[230].

A la fin de ce colloque, les délégués jugent hautement souhaitable de : entreprendre l'édition complète des *Calepins bleus* ; regrouper les correspondances adressées par Jean-Joseph Rabearivelo ; rééditer son œuvre, et approfondir les recherches historiques sur le profil et la situation de l'intelligentsia malgache sous la colonisation. Très rapidement, *L'Interférence* sera éditée à Paris, et le régime publiera des œuvres malgachophones de Rabearivelo, dont *Imaintsoanala*. Cependant, il faudra attendre 2012 pour voir la publication de ses œuvres complètes par le CNRS avec la collaboration de Présence africaine, mais sans celle d'universitaires basés à Madagascar, à l'exception de Liliane Ramarosoa. Effectivement, malgré ces efforts prodigieux pour passer entre langues et cultures, on distingue un clivage persistant entre le Rabearivelo « français », qui continue à fasciner dans le monde francophone, et Rabearivelo, le grand poète malgache, toujours présent chez les lettrés malgachophones, étudié comme référence dans les départements de langue et lettres malgaches, et « copié » par les jeunes poètes aujourd'hui des cercles célèbres, Faribolana Sandratea et Havatsa (Union des Poètes et Ecrivains Malgaches). La vie posthume de ce personnage profondément ambivalent et multiple ne connaîtrait pas de paix définitive.

On pourrait soutenir que, depuis les années 80, les grands poètes malgaches, dont Rabearivelo et Rabemananjara, ont été éclipsés par une nouvelle

---

[230] *Ibid.*, p. 224.

génération qui a choisi de cultiver le roman. Des auteurs tels que Jean-Luc Raharimanana et Michèle Rakotoson se sont servis de ce genre pour observer et critiquer de façon souvent choquante la désagrégation et la dérive de la société malgache[231]. Mais l'année 2016 voit la célébration du 80ème anniversaire du lycée Rabearivelo à Antananarivo et l'inauguration d'une stèle commémorative en ce sens, sous la présidence de Brice Rakotomanga, petit-fils du barde national. Fin novembre 2016, lors du premier jour du Sommet de la Francophonie, Rabearivelo est lu par un comédien avec une musique d'ambiance. En 2017, le 80ème anniversaire voit la sortie d'un recueil de *hainteny*, en versions malgache et française, chez les Editions Dodo Vole, illustrée par le peintre Mamy Rajoelisolo, petit-fils de Charles Rajoelisolo, compagnon de lutte de Rabearivelo dans le cadre du mouvement *hitady ny very*. Ainsi se perpétue et se ramifie la double culture de ce Latino-Scythe.

---

[231] Voir Tirthankar Chanda, « Littérature francophone malgache : engagement et double appartenance », http://www.rfi.fr/afrique/20161124-francophonie-littérature.

Conclusion

En 2015, Jean-Joseph Rabearivelo fait son début comme personnage dans la fiction francophone avec la parution de *L'Oragé*, roman de Douna Loup. Ici, l'auteur évoque les années de formation du poète : une enfance inconsciente des luttes intestines qui mangent encore le corps de l'île, son séjour à Ambatolampy au service de Lucien Montagné, puis sa montée à la capitale, où il plonge dans la vie littéraire et érotique. Au centre de ce récit se trouve la poétesse Esther Razanadrasoa, dite Anja-Z, qui semble incarner la liberté. Dans un texte entrecoupé d'arrêtés gouvernementaux et de citations de propagande coloniale hostile aux indigènes, cette femme affranchie entretient des relations amoureuses avec un Français, Malvoiz (Victor Malvoisin), mais aussi avec un poète de la « phalange Rabearivelo », James Raoely, et une cousine de la campagne, Vohirana. Ces jeunes bohémiens semblent habiter un milieu où l'on a fait éclater les codes et les habitudes de l'amour : « Les mœurs ne sont point figées, les jeunes femmes et les jeunes hommes peuvent avoir des relations avant mariage, et cela semble naturel, on fait simplement ce que l'on peut pour ne pas avoir d'enfants, mais cela arrive quand même. Les enfants naturels et les métis abondent »[232].

La liberté d'Esther s'exprime également dans la création littéraire. Elle lance à Malvoiz, puissant rédacteur du *Colonial et Malagasy* : « Tu me connais, je n'écrirai pas en français/ce n'est pas ma langue »[233]. Effectivement, Anja-Z croit que la domination culturelle française n'est qu'une « sur-couche » destinée à disparaître. La poétesse mettra dans sa propre couche le jeune poète venu d'Ambatofotsy,

---

[232] Douna Loup, *L'Oragé*, Paris, Mercure de France, 2015, p.148.
[233] *Ibid.*, p. 42.

encourageant l'épanouissement de celui-ci : « La bête est décuplée comme si rien ne pouvait stopper son désir organique de dépasser la norme et de porter sa voix des langues multiples »[234]. Quoique plus ouvert à la langue du conquérant, Rabearivelo informe Pierre Camo : « Jamais nous ne laisserons/Mourir notre langue, jamais elle ne sera moribonde. Il doivent tous comprendre cela »[235]. Autre geste de résistance, le poète prend comme amante une Française, Pauline, qui le ramène chez elle, malgré l'interdiction aux indigènes qu'un tirailleur sénégalais tente en vain de faire respecter.

A la fin de ce texte haletant, après encore une histoire d'amant, Esther peut se dire : « je me suis ouverte et conquise »[236]. Quant à Rabearivelo, qui vient de trouver la femme de sa vie, Mary, en donnant des cours de français, il « marche en poète. Il sait ce qu'il devient. Il devient une langue. Au centre de lui-même dans cet espace qui tiraillait, cet espace de bataille entre les deux langues aimées, là dans ce centre-là qui a fait son tumulte est née une langue à soi, une langue au-delà qui inclut et surpasse. »[237]. Il marche désormais sur « une île ouverte ».

Cette représentation littéraire de la « phalange Rabearivelo », si lyrique soit-elle, nous laisse sur notre faim. Douna Loup désigne les défis culturels lancés aux intellectuels malgaches par la nouvelle situation coloniale, l'« espace de tiraillement » où ils se trouvent. Mais, paradoxalement, la prose poétique de Loup ne nous donne aucun sens de la poésie de Rabearivelo, Anja-Z et d'autres contemporains, où s'exprime une mélancolie profonde, voire une morbidité qui convient à une génération fauchée par le malheur et la mort. Les poèmes traduits du malgache

---

[234] *Ibid.*, p. 30.
[235] *Ibid.*, p. 103.
[236] *Ibid.*, p. 221.
[237] *Ibid.*, p. 224.

par Rabearivelo ne sont guère des célébrations d'amour libre. Dans « Les jours où seule... », Anja-Z s'exclame : « Ô bien-aimé qui êtes parti,/Revenez ! revenez ! » (OC2, p. 1544). Elle deviendra « pur silence » (OC2, p. 587) à l'âge de 39 ans, après un bref mariage. Dans son hommage, Rabearivelo cite ainsi son amie défunte : « La vie n'est qu'une bêtise – ou la mort/L'œuvre seule est sérieuse » (OC2, p. 1540). Dans les poèmes traduits de Ny Avana, Raoely, Lys-Ber et d'autres prédominent les thèmes d'exil, de nostalgie et de nuit. Ainsi, ils trouvent un frère en leur traducteur, qui, tourmenté par la mort de ses proches, obsédé de l'astrologie, et subissant des tracas du quotidien qui sont souvent sa propre création, ne tardera pas à les retrouver dans le néant.

En guise de conclusion, le roman de Douna Loup donne une vision très contemporaine de la phalange Rabearivelo : des esprits et des corps libres, circulant dans une bulle « métisse », politiquement correcte et étrangement dépourvue de tragédie. Ne serait-ce plus juste – et plus romanesque – de situer les vies et les œuvres de ces intellectuels malgaches dans leurs contextes coloniaux puis post-coloniaux, avec toutes les impasses et toutes les incohérences qu'ils ont connues ? Après tout, dans son survol de la poésie malgache, publié en 1933, Jean-Joseph Rabearivelo demande au lecteur : « qu'est-ce qu'un essai humain, sinon des suites contradictoires et pleines de désillusions ? » (OC2, p. 1403).

Sources

Œuvres

Rabearivelo (Jean-Joseph), *Œuvres complètes*, tome 1, Paris, CNRS/Présence africaine, 2010.
Rabearivelo (Jean-Joseph(, *Œuvres complètes*, tome 2, Paris, CNRS/Présence africaine, 2012.
Baudin (Eugène) et Rabearivelo (Jean-Joseph), *Tananarive, ses quartiers, ses rues*, Tananarive, Imprimerie de l'Imerina, 1936.
Rabearivelo (Jean-Joseph), *Stances oubliées*, Tanananarive, 1959.

Archives

Archives Nationales de France, Pierrefitte (Fonds Charles Maurras).
Archives Nationales d'Outre-Mer, Aix-en-Provence.
Archives Nationales de la République de Madagascar, Antananarivo.
Fonds Jean-Joseph Rabearivelo (exécuteur testamentaire : Brice Rakotomanga).

Presse

Action française
L'Action sénégalaise
L'Aurore malgache
Bulletin de Madagascar
Capricorne
Le Carnet de la semaine
Climats
Le Colonial et Malagasy
Les Coloniaux et anciens coloniaux
La Dépêche de Madagascar

L'Echo annamite
L'Echo malgache
L'Echo d'Oran
L'Eclaireur de Nice et du Sud-Est
L'Esprit
Le Journal de Madagascar
La Kroa Madagaskara
Lumière
Le Madécasse
Le Monde illustré
La Nation malgache
Le Petit Marseillais
Le Petit Parisien
La Presse coloniale
Le Prolétariat Malgache
La Revue bleue
Revue des Jeunes de Madagascar
Revue de Madagascar
La Sous-France
Topimaso/Panorama
La Tribune de Madagascar
L'Union économique de l'Est
La Vie
Le Watan

Etudes

Adejunmobi (Moradewun), *JJ Rabearivelo. Literature and Lingua Franca in Colonial Madagascar*, New York, Peter Lang, 1996.

Andramiariseta (Andry Solofo), « La chute sacrificielle : pour une interprétation « sacrée » de la chute dans *L'Interférence* de Jean-Joseph Rabearivelo », mémoire de maîtrise, Université d'Antananarivo, 2005, 130.

Boucquey-de Schutter (Eliane), *Jacques Rabemananjara*, Paris, Seghers, 1964

Boudry (Robert), *Jean-Joseph Rabearivelo et la mort*, Paris, Présence africaine, 1958.

Camo (Pierre), « Rabearivelo et moi », *Climats*. *France et Outre-Mer*, 3 juillet 1947.

Chanda (Tirthankar), « Littérature francophone malgache : engagement et double appartenance », http://www.rfi.fr/afrique/20161124-francophonie-littérature.

Collectif, *Jean-Joseph Rabearivelo, cet inconnu ?*, Marseille, Sud, 1989.

Gérard (Albert), « Stèle pour un poète malgache », *Bulletin des Séances de l'Académie royale des Sciences d'Outre-Mer*, 1968, 2, 181.

Loup (Douna), *L'Oragé*, Paris, Mercure de France, 2015.

Martin du Gard (Maurice), *Le Voyage de Madagascar, suivi de Une escale à La Réunion et Visite volante à Maurice*, Paris, Flammarion, 1934

Ranavaison (Dominique), *Jacques Rabemananjara. Poésie et politique à Madagascar*, Saint-Maur-des-Fossés, Sépia, 2015

Ranaivozanany (A.), « La tradition malgache dans Jean-Joseph Rabearivelo », mémoire de DES, Université d'Antananarivo, p. 29-30, mai 1968.

Senghor (Léopold Sédar), *Anthologie de la nouvelle poésie nègre et malgache de langue française*, Paris, Presses universitaires de France, 1992.

Steins (Martin), « Les antécédents et la genèse de la négritude senghorienne », Thèse de doctorat d'état, Université de Paris III – Sorbonne Nouvelle, 1981

Valette (P.), *Jean-Joseph Rabearivelo*, Paris, Fernand Nathan (Littérature malgache 1), 1967.

Verin (Pierre), « Rabearivelo, poète à vingt ans : l'exemple de l'inédit sur Ambatolampy », *Etudes Océan Indien*, 17 (1994), 127-135.

L'HARMATTAN ITALIA
Via Degli Artisti 15; 10124 Torino
harmattan.italia@gmail.com

L'HARMATTAN HONGRIE
Könyvesbolt ; Kossuth L. u. 14-16
1053 Budapest

L'HARMATTAN KINSHASA
185, avenue Nyangwe
Commune de Lingwala
Kinshasa, R.D. Congo
(00243) 998697603 ou (00243) 999229662

L'HARMATTAN CONGO
67, av. E. P. Lumumba
Bât. – Congo Pharmacie (Bib. Nat.)
BP2874 Brazzaville
harmattan.congo@yahoo.fr

L'HARMATTAN GUINÉE
Almamya Rue KA 028, en face
du restaurant Le Cèdre
OKB agency BP 3470 Conakry
(00224) 657 20 85 08 / 664 28 91 96
harmattanguinee@yahoo.fr

L'HARMATTAN MALI
Rue 73, Porte 536, Niamakoro,
Cité Unicef, Bamako
Tél. 00 (223) 20205724 / +(223) 76378082
poudiougopaul@yahoo.fr
pp.harmattan@gmail.com

L'HARMATTAN CAMEROUN
TSINGA/FECAFOOT
BP 11486 Yaoundé
699198028/675441949
harmattancam@yahoo.com

L'HARMATTAN CÔTE D'IVOIRE
Résidence Karl / cité des arts
Abidjan-Cocody 03 BP 1588 Abidjan 03
(00225) 05 77 87 31
etien_nda@yahoo.fr

L'HARMATTAN BURKINA
Penou Achille Some
Ouagadougou
(+226) 70 26 88 27

L'HARMATTAN SÉNÉGAL
10 VDN en face Mermoz, après le pont de Fann
BP 45034 Dakar Fann
33 825 98 58 / 33 860 9858
senharmattan@gmail.com / senlibraire@gmail.com
www.harmattansenegal.com

Achevé d'imprimer par Corlet Numérique - 14110 Condé-sur-Noireau
N° d'Imprimeur : 136868 - Dépôt légal : mars 2017 - *Imprimé en France*